逆にしたらよくわかる教育勅語

ほんとうは危険思想なんかじゃなかった

倉山 満

ハート出版

はじめに

本書は教育勅語の本です。
というと、危険思想ではないか、と思われるかもしれません。
なんとなく。

では、教育勅語を読んだことがありますか。
と言われて、「ある」と答えられる人は、ごくごく少数でしょう。

さらに、読んだことがある方にお聞きします。
どこが危険思想なのですか。
なんとなく、そう思うのではないでしょうか。

意外と答えられません。

しかし、何となく教育勅語というと危険思想、戦前の軍国主義みたい、と思っている方がほとんどでしょう。

なんとなく。


いじめるわけではありませんが、さらに聞きます。

戦前って、いつからいつまでですか。

軍国主義ってなんですか。

やはりよくわかりません。

でも、戦前って暗くて怖い時代じゃなかったのですか。軍国主義って怖いものじゃないんですか。と思っていませんか。

なんとなく。

軍国主義に関しては、先月に徳間書店から『「軍国主義」が日本を救う』という本を出したばかりですので、ご参照ください。

戦前と言うと昭和初期の戦争の時代を思い出すのでしょうが、あの時代は軍国主義でもなんでもありません。徳間書店さんの本を宣伝しても仕方がないのですが、詳しくは『「軍国主義」が日本を救う』をお読みください。

むしろ、本当の意味での軍国主義は、昭和の負けた戦争の時代ではなく、明治の日清日露戦争に勝った時代の日本です。

軍国主義がなんだかわからないのに、教育勅語も怖いものだと思っている。

なんとなく。

何はともあれ、教育勅語を読んだこともないのに批判するのは如何なものでしょう。それも、なんとなく――。

ここまで、くどいほど「なんとなく」を繰り返してきました。
でも何か違和感があったでしょうか。
一番怖いのは、この「なんとなく」です。

昭和八年、日本は国際連盟を脱退しました。
満洲事変の処理を巡って国際連盟と完全な対決姿勢になってしまい、事変の原因を調査したリットン卿の報告書に「日本が正しいとは言えない」と書いてあったことに国中が激昂し、遂に連盟を脱退してしまいました。その結果、日本は世界中を敵に回してしまいます。

でも、リットン卿は「日本が正しいとは言えない」と書いてあった以外、中身はすべて日本の主張を認めていました。満洲事変で日本を非難する国際社会をなだめるために口では非難しながらも、実態は日本の味方をしてくれていたのです。リットンの報告書は、花を捨てて実を取れ、という忠告でもあったのです。

でも、日本はリットンの意図を顧みることなく、国際連盟を出ていきました。当時の日本にも冷静にリットンの話に耳を傾けようという人がいました。でも、そんな意見は聞き入れられませんでした。

「リットンふざけるな！」

誰かが言った一言に、みんなが賛同してしまいました。でも、何に怒っているのかわかっている人たちはあまりいません。

リットン報告書のどこが悪いの？　なぜそんなに怒っているの？
答えは、みんなが怒っているから。
要するに、なんとなく——。でした。

昭和十二年、日本は支那事変を断行しました。
満洲事変以来、大日本帝国と中華民国の仲は、険悪の極みでした。商売で少しもめると「ボイコット」とか言いながら店を破壊しにくる、小学生が通学していると石を投げられる、日本人が見つかるとリンチされる。日本にいる中国人は日本の警察が守っていましたが、中国で日本人がひどい目にあっても、警察は見て見ぬふりです。ひどい場合は、警察が率先して暴力を振るってくる場合があります。挙句の果てには、中国大陸でテロや殺人事件が多発する有様でした。

そんな中で、盧溝橋事件が起こります。日本軍と中国国民党軍の衝突事件です。しかし、両軍とも相手が先に攻めてきたと反撃しながら、「おかしいな」と疑問に思います。真相は不明ですが、中国共産党が両方の陣地に銃弾を撃ち込み、日本と国民党を共倒れにさせようとした陰謀だと言われています。こんな感じなので、現地の日本軍と国民党軍は停戦協定を結びます。

しかし、共産党は前にもましてテロをやるし、日本も日本で激昂し、「暴支《ぼうし》膺懲《ようちょう》」が合言葉になります。「暴れん坊の中国人を懲らしめてしまえ」という意味です。こうなると日中双方が止まりません。北支事変は支那事変へと拡大し、中国全土で泥沼の抗争を繰り広げることになります。

この時にも、「向こうに問題があるのはわかるが、何も中国全土で戦争をする必要があるのか。いったい、いつまでやるのか。どうなったら終わるのか。そんなに日本人が中国でいじめられるなら、全部引き上げてかかわらなければいいじゃないか。戦争をやるより、引き上げる人たちに補償金を出したほうが安上がりじゃないか」と言った人もいたのです。しかし、そんな声はかき消されました。

結果、戦闘に勝っているのに中国軍が逃げ回るので鬼ごっこにしかならない、だから戦争はいつまでも続く。国民は増税に次ぐ増税で生活が苦しくなる。しかし、みんな苦しんでいるのだからと、なんだかよくわからないまま世の中そんなものだとあきらめてしまう。

結局これも、なんとなく――。でした。

昭和十六年、対米開戦を決断してしまいました。

中国全土で四年も〝鬼ごっこ〟を続けていた日本は、ハタと思い当たります。なぜ戦闘ではすべて中国に勝っているのに、奴らは逃げ回ることができるのか。

それは裏でアメリカが支援しているからだ。しかもアメリカは「中国をいじめるな～」などと〝ええかっこしい〟な態度をとっている。一方の味方をしながら喧嘩の仲裁をするふりをするなんて、なんて卑怯な！

そして日本人の恨みはアメリカ人の方に向いていきます。

アメリカなんか三か月で片づけてやる！

何の根拠もない空威張りがはびこります。

支那事変も片付かないのに、もっと大きなアメリカと戦争をするなんて。

この疑問に誰も答えられませんでした。でも、アメリカと戦うのに反対！などと言い出したら殺されかねないような世の中になっていました。

なぜ？

なんとなく――。でした。

結果、大日本帝国という国は滅んでしまいました。

よく「戦前の戦争を反省しなければならない」と言われます。戦後は民主主義の善い世の中で、戦前の教育勅語を小学生から暗唱させられ、天皇への忠誠を誓わされるような悪い体制とは違う、とされます。

では、本当に戦争を反省したのでしょうか。

別に、前は負けたから次は勝つぞと言う話ではありません。それ以前の、「なぜ戦争になってしまったか」の反省です。

少なくとも、「なんとなく」の正体を、戦後民主主義を賛美する人たちからは聞いたことがありません。ゴニョゴニョ変なことを言っていますが、突き詰めると「戦前の日本人は教育勅語などという、天皇を崇拝するカルトだったから」につきます。

この説明がおかしいのは、当の昭和天皇が満洲事変にも、支那事変にも、対米開戦にも反対だったのに、「なんとなく」押し切られてしまったからです。大日本帝国において、天皇は立憲君主と呼ばれる存在でした。立憲君主とは、要するに日本の天皇は国民の大多数が決めたことを否定できないのです。独裁者ではないのです。

ここまでお読みいただいておわかりでしょうか。

国民が賢くないと国が亡ぶのです。

教育こそ、国の根幹なのです。

本書は、教育勅語なんて知らない、聞いたことはあるけど〝なんとなく〟怖い、と思っている人に向けて書きました。

まずは、教育勅語をお読みください。

教育ニ関スル勅語

朕《チン》惟《オモ》フ《ウ》ニ　我《ワ》カ《ガ》皇《コウ》祖《ソ》皇《コウ》宗《ソウ》　國《クニ》ヲ肇《ハジ》ムルコト宏《コウ》遠《エン》ニ　徳《トク》ヲ樹《タ》ツルコト深《シン》厚《コウ》ナリ
我《ワ》カ《ガ》臣《シン》民《ミン》　克《ヨ》ク忠《チュウ》ニ　克《ヨ》ク孝《コウ》ニ　億《オク》兆《チョウ》心《ココロ》ヲ一《イツ》ニシテ　世《ヨ》世《ヨ》厥《ソ》ノ美《ビ》ヲ濟《ナ》セルハ　此《コ》レ我《ワ》カ《ガ》國《コク》體《タイ》ノ精《セイ》華《カ》ニシテ　教《キョウ》育《イク》ノ淵《エン》源《ゲン》亦《マタ》實《ジツ》ニ此《ココ》ニ存《ソン》ス
爾《ナンジ》臣《シン》民《ミン》　父《フ》母《ボ》ニ孝《コウ》ニ　兄《ケイ》弟《テイ》ニ友《ユウ》ニ　夫《フウ》婦《フ》相《アイ》和《ワ》シ　朋《ホウ》友《ユウ》相《アイ》信《シン》シ《ジ》　恭《キョウ》儉《ケン》己《オノ》レヲ持《ジ》シ　博《ハク》愛《アイ》衆《シュウ》ニ及《オヨ》ホ《ボ》シ　學《ガク》ヲ修《オサ》メ　業《ギョウ》ヲ習《ナラ》ヒ《イ》　以《モッ》テ智《チ》能《ノウ》ヲ啓《ケイ》發《ハツ》シ　徳《トク》器《キ》ヲ成《ジョウ》就《ジュ》シ　進《スス》テ《デ》公《コウ》益《エキ》ヲ廣《ヒロ》メ　世《セイ》務《ム》ヲ開《ヒラ》キ　常《ツネ》ニ國《コク》憲《ケン》ヲ重《オモン》シ《ジ》　國《コク》法《ホウ》ニ遵《シタガ》ヒ《イ》　一《イッ》旦《タン》緩《カン》急《キュウ》アレ

ハ《バ》 義《ギ》勇《ユウ》公《コウ》ニ奉《ホウ》シ《ジ》 以《モッ》テ天《テン》壤《ジョウ》無《ム》窮《キュウ》ノ皇《コウ》運《ウン》ヲ扶《フ》翼《ヨク》スヘ《ベ》シ
是《カク》ノ如《ゴト》キハ 獨《ヒト》リ朕《チン》カ《ガ》忠良《チュウリョウ》ノ臣《シン》民《ミン》タルノミナラス《ズ》 又《マタ》以《モッ》テ
爾《ナンジ》祖《ソ》先《セン》ノ遺《イ》風《フウ》ヲ顯《ケン》彰《ショウ》スルニ足《タ》ラン
斯《コ》ノ道《ミチ》ハ實《ジツ》ニ我《ワ》カ《ガ》皇《コウ》祖《ソ》皇《コウ》宗《ソウ》ノ遺《イ》訓《クン》ニシテ 子《シ》孫《ソン》臣《シン》民《ミン》ノ倶《トモ》ニ
遵《ジュン》守《シュ》スヘ《ベ》キ所《トコロ》 之《コレ》ヲ古《コ》今《コン》ニ通《ツウ》シ《ジ》テ謬《アヤマ》ラス《ズ》 之《コレ》ヲ中《チュウ》外《ガイ》ニ施《ホドコ》シ
テ悖《モト》ラス《ズ》
朕《チン》 爾《ナンジ》臣《シン》民《ミン》ト倶《トモ》ニ拳《ケン》拳《ケン》服《フク》膺《ヨウ》シテ 咸《ミナ》其《ソノ》德《トク》ヲ一《イツ》ニセンコトヲ
庶《コイ》幾《ネガ》フ《ウ》

明治二十三年十月三十日

御《ギョ》名《メイ》 御《ギョ》璽《ジ》

《口語訳》

朕思うに、我が皇祖の建国の業は遠大にして、徳を確立した心は深く、また厚い。わが臣民はよく忠義にして、孝にあつく、全国民が心を一つにし、代々その美徳を実践してきたことは、わが国体の精華であって、また教育の源は、実にここに存する。

爾《なんじ》ら臣民は、父母には孝、兄弟には友愛、夫婦は和合し、朋友信じあい、恭謙をもって自己をただし、人々に博愛を広め、学問を修め、職業を習い、もって智能を啓発し、人格を完成し、進んで公益を広め、社会で義務を果たし、つねに憲法を重んじ、国法に従い、いったん有事の際は進んで奉公し、もって永遠不滅の皇運を扶け護るべし。それはひとり朕の忠良なる民というのみならず、爾《なんじ》の祖先の遺した伝統を顕彰することになる。この道は、じつに我が祖先の遺訓であり、皇室の子孫もまた臣民も、ともに守るべきことである。古代より現在まで通じ、過たずこれを内外に行ってそむくことなく、朕も爾《なんじ》臣民とともによくよく心に銘じ、皆がこの徳目をひとしく実現することを願う。

◆教育勅語十二の徳目

教育勅語ではその中で十二の徳目が述べられています。以下、現代語訳したものを箇条書きにしました。

一、親に孝養をつくしましょう（孝行）
二、兄弟・姉妹は仲良くしましょう（友愛）
三、夫婦はいつも仲むつまじくしましょう（夫婦の和）
四、友だちはお互いに信じあって付き合いましょう（朋友の信）
五、自分の言動を慎みましょう（謙遜）
六、広く全ての人に愛の手をさしのべましょう（博愛）
七、勉学に励み職業を身につけましょう（修業習学）

八、知識を養い才能を伸ばしましょう（知能啓発）
九、人格の向上につとめましょう（徳器成就）
十、広く世の人々や社会のためになる仕事に励みましょう（公益世務）
十一、法律や規則を守り社会の秩序に従いましょう（遵法）
十二、正しい勇気をもって国のため真心を尽くしましょう（義勇）

どれも一般的な道徳として非常に正しいことです。これのどこが軍国主義なのでしょうか。危険思想なのでしょうか。

逆にしたらよくわかる教育勅語　目次

序章 逆・教育勅語

逆にしたらよくわかる教育勅語

◆まずは音読してみよう

世の中には、実物を見ないで思い込みだけで決めつける人がいます。「教育勅語は危険思想だ〜」というような人たちです。

でも「何がどう危険なのか?」と聞いたら、「学校でそう習った」「世間でそう言われている」「なんとなく危険」と、結局ここでも「なんとなく」の登場です。

とにかく教育勅語と言うと、「戦前軍国主義の象徴、らしい」「カルト宗教みたいに戦前の日本人は覚えさせられた、らしい」「いざとなれば天皇のために死ねとか無茶苦茶言っている、らしい」とか、刷り込みがなされているので、何を言っても無駄のようです。とはいっても、そこであきらめたらこの本の負けですから（笑）、少しショック療法をしてみようと思いました。

そこで、「もし教育勅語と逆のことが教えられていたら」という意味で、「逆・

教育勅語」を考えてみました。
一気に、できれば音読してください。

一、親に孝養をつくしてはいけません。
家庭内暴力をどんどんしましょう。

二、兄弟・姉妹は仲良くしてはいけません。
兄弟姉妹は他人の始まりです。

三、夫婦は仲良くしてはいけません。
じゃんじゃん浮気しましょう。

四、友だちを信じて付き合ってはいけません。
人を見たら泥棒と思いましょう。

五、自分の言動を慎しんではいけません。
嘘でも何でも言った者勝ちです。

六、広く全ての人に愛の手をさしのべてはいけません。
わが身が第一です。

七、職業を身につけてはいけません。
いざとなれば生活保護があります。

八、知識を養い才能を伸ばしてはいけません。
大事なのはゆとりです。

九、人格の向上につとめてはいけません。
何をしても「個性」と言えば許されます。

十、社会のためになる仕事に励んではいけません。
自分さえ良ければ良いのです。

十一、法律や規則を守り社会の秩序に従ってはいけません。
自由気ままが一番です。

十二、勇気をもって国のため真心を尽くしてはいけません。国家は打倒するものです。

講演などで時々読み上げることもあるのですが、最初はみなさん笑ってくださるのですが、最後まで行くとだんだん青ざめた顔になっていきます。

初出は、私のブログ「倉山満の砦」平成二十四年一月二十五日ですが、この日のブログ記事を、

なんだ、戦後民主主義の行き着く先ではないか。。。ついでにアメリカンデモクラシーとか、グローバリズムとか、儒教思想（実は韓非子）も混ざっている。たぶん上の「逆・教育勅語」は、マッカーサーとスターリンと宮沢俊義の合作に違いない。

と、〆ました。「逆・教育勅語」は現代日本では実現している、今の日本そのものではないか、という認識が青ざめる理由だと思います。

◆マッカーサーは日本の民主化などしていない

アメリカ占領軍の総司令官であったダグラス・マッカーサーは、日本を二度と立ち上がることができないような弱い国にしようと、占領政策を遂行しました。マッカーサーは「日本を民主化するのだ」などと吹聴しましたが、マックの「民主化」とは「弱体化」のことです。

マックは選挙で示された日本国民の意思など無視しました。たとえば、「総選挙で第一党になった政党の党首が俺の悪口を言った。では衆議院議員の資格を奪ってしまえ」などと、横暴の限りをつくしました。

昭和二十一年四月の総選挙で鳩山一郎総裁率いる自由党が第一党になりました。鳩山首相が誕生するのが当然です。しかし、マックは鳩山がアメリカの原爆投下を批判したことを許さず、「副総理なら認めてやるが、どうしても総理大臣になるのならば、公職追放して、その資格を奪うまでだ」などと、本当に実行しました。民主主義など、マックには関係ないのです。マックが本当に日本に民主主義を植え付けるなら、占領軍総司令官といえども、総選挙で示された国民の意思を無視してはいけないのです。鳩山の側だって、総選挙で選ばれた以上、総理の責任から逃げて、他の人物の内閣の副総理に甘んじるなど民主制の精神からは許されないのです。

よく、「アメリカが、マッカーサーが日本に民主主義を教えてくれた」などと、甚だしい勘違いをしている人がいます。日本のことをよく知らないアメリカ人が「野蛮な日本人に民主主義を教えてやったのは俺たちだぜ」などと威張るのは百歩譲って認めても、なぜ日本人がマック如きをありがたがらねばならないのでしょうか。

マッカーサーは、すべての面で日本弱体化政策を進めました。特に、教育は重視しました。時の前田多門文部大臣は、「教育勅語は決して危険思想ではない。また、決して民主主義と矛盾しない。立派な日本人を育てるための道徳だ」と運動したのですが、無情にもマッカーサーの口頭命令で廃止が決定されました。マックとしたら「そうか。ならば廃止しよう」です。立派な日本人が育ってしまっては、弱体化になりません。

マッカーサーを「民主主義を教えてくれた恩人」などと意味不明にありがたがるのは論外です。ただ、一方で押さえておかねばならない事実もあります。マッカーサーは日本のアメリカ化をしていないし、デモクラシーをありがたがるアメリカ式の教育など行っていないということです。

アメリカは独立宣言以来、デモクラシー（民主制）を尊び、リンカーンの有名な「人民の、人民による、人民のための政府」を体制とする国家です。個人の自由と民主主義を守るために武器を持って立ち上がり、そして自分たちの力でアメリカ合衆国を建てたのだ、という歴史が彼らの誇りです。このあたり、かなり事実関係に疑義があるのですが、詳しくは小著『嘘だらけの日米近現代史』（扶桑社）を参照ください。そんな外国の事情などはお構いなしに、アメリカ人は数百年もこういう歴史教育をしてきました。そして、「星条旗に対する忠誠」がアメリカ国民の条件になります。星条旗は言うまでもなく、アメリカの国旗・国歌です。歴史問題でことあるごとに周辺諸国の顔色をうかがい、法律で「日の丸・君が代は国旗・国歌です」と決めて教育しようとしても、少なくない現場の教師が抵抗して実態が伴っていない日本とは違います。

アメリカでは、公式行事では星条旗に対する忠誠を示さないと、社会的に許されません。一方で、日本では講演会で日の丸を掲げていると「右翼」呼ばわりされます。これで右翼なら、アメリカ人はほとんどの人が右翼です。

ここで気づきましたでしょうか。アメリカ人は愛国心が国を強くすると考えているのです。だからアメリカでは愛国心教育を徹底し、日本人には愛国心を持たないように教育していることに。

占領軍が作り上げた体制を「戦後民主主義」と言いますが、アメリカンデモクラシーとは真逆なのです。

◆グローバリズムの甘い罠

愛国心を否定すると、国境を飛び越えたグローバリズムに至ってしまいがちです。グローバリズム（全球化）とは、国境線を飛び越えて地球上の人間はみんなつながろうとする思想です。「国家なんかどうでもいい。地球市民だ、世界市民だ」という掛け声で、歴史上多くのグローバリズムが出現しました。

たとえば、多国籍企業です。ファストフードのマクドナルドやケンタッキーのような多国籍企業（グローバル企業とも言います）は、世界中にお店を出しています。その売り上げは、ちょっとした国家よりも上です。また、ネット通信販売のアマゾンは、巧みにいろんな国の法律の抜け穴をかいくぐっています。アマゾンにどうやって税金を払わせるかがサミット（先進国首脳会議）の議題に上るほどです。日本人にとっても、マクドナルドやケンタッキーフライドチキン、アマゾンの影響力の大きさは否定できません。

しかし、普段の商売はよいとして、犯罪や戦争に巻き込まれたら、その国家よりも巨大と言われる多国籍企業は、どうするのでしょうか。

犯罪対処には警察が不可欠ですし、国法に基づく裁判により被害を取り戻します。何より、戦争などになったら、国家に守ってもらうしかありません。

別に多国籍企業など、今に始まったことではありません。たとえば、十九世紀以降のヨーロッパの主要な戦争の裏で巨大な富を築きあげたユダヤ人財閥のロスチャイルド一族が有名です。彼らは、ナポレオン一世やビスマルク、ディズレーリといった、世界中の歴史の教科書に出てくるような怪物政治家に取り入り、あるいは出し抜きながら、生き抜いてきました。信じられるのは己の才覚と金だけ、という人たちです。

そのロスチャイルドとて、結局はどこかの国家に頼らないと、生命や財産は保障されません。彼らは、特定の国家に依存すると裏切られた時にすべてを失うので、複数の国家に保険をかけるように、本拠地をおいているのです。

自分の国、つまり帰る場所を持たない民族はみじめなものです。ユダヤ人は、ローマ帝国に侵略されて以来、二千年間も世界中に散り、流浪していました。ロスチャイルドのような超例外は別として、ほとんどすべてのユダヤ人はヨーロッパ中で差別されていました。それがようやく、一九四九年のイスラエル建国で帰る場所を持てたのです。だから、世界中のどこにいても、ユダヤ人はイスラエルを大事にしているのです。

インターネットの出現で、「情報化社会だ」「サイバー空間は、国境を飛び越える」と、国家の意味を軽視したり否定したりする人が多くいます。特に日本には。

しかし、国境を越えるだけなら、何千年も昔から簡単に越えていました。歩いてでも、ラクダや馬に乗ってでも。でもそういう旅人も、国家の保護がなければ、厳しい自然や盗賊など危険だらけの長旅などできなかったのです。

国家がいらないということは、法律も警察も裁判所もいらないということなのです。

グローバル企業の他に、宗教教団も国教など関係なく布教をしてきました。その典型的なのがカトリックで、今でこそ総本山のバチカンは「バチカン市国」などと名乗っていますが、全盛期は諸国の王様に命令を下していました。十字軍などは、バチカンの命令でヨーロッパ中の王様から集められた軍隊です。宗教が国家の上に存在する典型でした。だから、ローマの一角に「バチカン市国」として押し込め、「同じ対等の国家なんだから、他の国の王様に命令なんか出してはだめですよ」という風にしたのです。

◆アメリカはソ連に利用されただけ？

宗教の中で最も過激なのは「ウチは宗教ではありません」と言い張る宗教で

す。二十世紀は、共産主義という「ウチは宗教ではありませんと言い張る宗教」が、世界中で猛威を振るいました。

共産主義とは、「共同財産主義」のことで、「世界中の人々はみんな平等であるべきだ。私有財産なんてものを認めると、どうしても貧富の格差が出てしまう。だから、私有財産なんてものは認めるべきではないのだ。全人類が一つの政府のもとで、みんなが平等に富を配分すれば、地上の楽園として仲良くできるじゃないか」と主張をしていました。

これだけ聞くと、なんだかいいことを言っているなと思えます。はい。絶頂期は地球の半分がこの共産主義の影響下にありました。

二十世紀初頭は、貧富の格差が激しい時代でした。世界の最先進国だったイギリスでも、貧乏人の子供は十歳になれば働きに出て、一日十時間労働なんて夢のまた夢。十二から十六時間働くのが当たり前です。寝る時間以外、全部働けということです。読み書き計算もマトモにできないのに、こんな生活を送っていたら、一生貧乏人のまま、早死にするでしょう。読み書きもできないのに、才覚を発揮して大金持ちになる、なんて不可能です。

当時は「機会の平等」と言われていましたが、カール・マルクスという人が、この矛盾を鋭く突きました。「機会（スタート）の平等と言ったって、人類がサルから進化して以来、一度でも全人類が平等にスタートラインに立ったことがあるのか。無いじゃないか。金持ちの子供と貧乏人の子供が対等に競争するなんてありえない。金持ちの子供はずっと金持ちだし、貧乏人の子供は貧乏人になるしかない。だから、結果（ゴール）の平等でなければならないんだ」と主張したのです。私有財産に基づく経済体制を資本主義と言いますが、マルクスがすごかったのは、資本主義への攻撃は全部正論だったのです。だから、世界中で多くの人がマルクスの言うことを信じました。ところが、資本主義への攻撃はよかったものの、マルクスが唱えた共産主義がとんでもない内容だったのです。

どうやったら、資本主義の矛盾が解決し、マルクスの唱える理想の社会こと共産主義になるのか。要するに、「世界中の政府を暴力革命で転覆させ、世界中の金持ちを皆殺しにすればいいんだ」です。とんでもありません。でも、一九一七年のロシア革命で本当にこの通りのことをやろうとする人たちが国を乗っ取り、ソ連という国を建てました。

ロシア革命を起こしたレーニンという人は、ロシアだけでは飽き足らず、世界中にコミンテルンというスパイを放って、本当に世界中の政府を転覆させようとしたのです。レーニンを継いだスターリンは、日本とアメリカ、イギリスとドイツを喧嘩させるように仕向け、遂に第二次世界大戦を起こしました。結果、日本とドイツは国を滅ぼされましたが、勝ったイギリスもズタズタになり、アメリカはいいように騙されました。

最近の史料公開で、アメリカ政府やGHQには、相当の数のスターリンのスパイが入り込んでいたことがわかってきました。日本に戦争を仕掛けたフランクリン・ルーズベルト大統領の側近や、日本占領政策を遂行したGHQのスタッフが、ソ連のスパイだったのです。マッカーサーなどは、後でこの事実を知り、猛烈に後悔します。

「生意気なジャップの牙を抜いて二度と逆らえない国にしてやる」と息巻いていたマッカーサーは、「日本民主化（弱体化）がうまくいった、次の大統領選挙に出よう」とか考えていたら、実はスターリンに利用されていただけだったのです。

スターリンは、「アメリカの国益のためだ」とマッカーサー以下GHQの連中に思い込ませ、その実は日本を潰すためにアメリカを利用していただけだったのです。思い込まされたアメリカ人はいい面の皮もいいところです。

真の目的を隠すために建前を利用する、というのは陰謀家の常とう手段です。

◆建前は教育勅語、実際は逆・教育勅語の国「中国」

私はブログのメで、「儒教思想（実は韓非子）」とわかりにくいことを書いていますが、これには中国に対する理解が必要です。

詳しくは、小著『嘘だらけの日中近現代史』（扶桑社、平成二十五年）をお読みいただきたいのですが、中国は日本などよりもはるかに建前と本音を使い分ける国です。

古代中国の戦国時代を統一した秦の始皇帝は、韓非子の思想を実行しました。韓非子は、「法とは君主の命令のこと。臣下も人民も、君主の命令だけを実行すればよい。逆らう奴は殺せ！」「世の中で大切なのは、力と陰謀だ。強くて賢い奴だけが生きる資格があるのだ」という、むき出しの本音を説きました。確かに群雄割拠の戦国時代を統一するには、これくらいやらなければならなかったのですが、これではあまりにも殺伐としすぎてしまいます。

秦を倒して漢を建てた劉邦は、綺麗ごとの建前を並べる、孔子の儒教を国民道徳として採用します。ただし、あくまで孔子は建前であり、本音は韓非子です。やっていることも韓非子そのものです。結果、韓非子の説く陰謀能力に磨きがかかりました。中国人で心の底から孔子を信じている人など稀ですが、日本人などは「中国人は孔子の説く礼を重んじる、道徳的な人々だ」と勘違いしています。日本人に限らず、世界中に孔子学院がありますから、中国人は礼を重んじる道徳的な人々だと勘違いする人は、後を絶たないということです。

逆・教育勅語その一「親に孝養をつくしてはいけません。家庭内暴力をどんどんしましょう」などは、まさに中国を理解するのに最適です。

孔子は、親への孝を主君への忠よりも大事だと説きます。では、中国の実態はどうでしょうか。

中華皇帝の最大の敵は誰でしょうか。息子の皇太子です。なぜなら、皇帝の地位を脅かす挑戦者の地位にあるからです。別の言い方をすれば、皇帝が死ぬのを、この世で最も待ち望んでいる人間、ということになります。皇帝の方も常に警戒を怠りませんから、暗闘が絶えません。皇太子の地位に上りながら廃されて、非業の最期を遂げた人間など、中国の歴史で数えきれないほどいます。皇太子の方は、皇帝の身に何かあれば、喪に服すのが習わしです。皇太子の理想は、「親に孝養を尽くしている立派な人だと思わせながら、皇帝を闇から闇へ葬り去る人」です。

よく、「教育勅語は儒教の影響が強い」としたり顔で語る人が多いのですが、その儒教そのものが中国ではカモフラージュのための道具にすぎないことを理解しないで言われても困ります。

中国は、「建前は教育勅語、実態は逆・教育勅語の国」と考えてください。

◆最大の敵は国内にいる！

さて、長々と私がブログに書いた数行記事を解説しました。別に私が数行の記事の行間にどれだけの内容を詰め込んでいるのかということを言いたいわけではなくて（笑）。

とにもかくにも、日本を弱い国にしたいアメリカ、日本を陰謀で陥れたロシア、日本の宿敵の中国、と我が国は悪意で囲まれているわけです。安倍首相が「戦後レジームの脱却」と言っても、これらの外圧と戦わなければならないので、簡単な話ではないのです。

しかし、最大の敵は外国ではありません。内なる敵です。

宮澤俊義とは、東京大学教授で、憲法学者です。戦前戦中は猫をかぶっていましたが、マッカーサーがやってくると手のひらを返した御用学者です。「戦前の日本はすべて悪だった」「帝国憲法や教育勅語のような悪魔の思想に縛られていたカルト国家だった」「アメリカやソ連のような連合軍が悪い大日本帝国を滅ぼしてくれたので、平和で民主的な国になったのだ」という教えを広めた人です。いわば、「戦後民主主義の教祖様」です。

昔、私が作った駄文があるので、少し読んでみてください。

戦前の大日本帝国は、帝国憲法のような悪の憲法が支配する悪い国だった。天皇の名前で軍部と言う悪い人たちが人民を支配し、しかも天

皇の支配下にあるから「臣民」などと呼ばれ、権利は著しく制限されて、しかもそのわずかな権利も「天皇からの恩恵」でしかなかった。そして最後は軍部が戦争などという、この世で最も悲惨なことをしてしまった。

それが戦争で負けて連合軍がやってくると、平和を大事にする日本国憲法を持ち、人権が保障される民主的な国になった。

そして、高度経済成長によって、奇跡の復興を成し遂げて、今に至る。

しかし、ちょっと待ってくださいよ。

科学技術の発展と高度経済成長の陰で、環境問題が大変なことになっている。我々は「宇宙船地球号」の一員として、未来に向けて考えていきたい。

違和感がありましたでしょうか。

我ながら、よくもこんな愚かな文章をひねり出したなと思いますが、大学入試や公務員試験の価値観って、こんなものじゃないでしょうか。

私は大学で、公務員試験や教員試験で必須の「日本国憲法」という授業を教えているのですが、この駄文は「日本の試験の価値観ってこんなものだよ」とのつもりで、朝日新聞の「天声人語」風に書いてみたものです。「ちょっと待ってくださいよ」などと冷静な議論をしているつもりで、単に上から目線になっているだけ、という朝日特有の文体です。

インターネットには「天声人語メーカー」というサイトがあります。「攻撃したい人物、団体」「擁護したい人物、団体」などの項目があって、そこに単語を入れれば「誰でも天声人語が書ける」というふれこみのサイトです。そんな感じでつくってみました。

ところで気づきましたでしょうか。

否定したい価値観＝大日本帝国、帝国憲法、教育勅語、高度経済成長
肯定したい価値観＝日本国憲法、平和、人権、民主主義、環境保護

見事に分かれています。要するに今の日本では、試験問題の出題者は、大日本帝国とか高度経済成長期とか、日本の黄金時代が嫌いなのです。

憲法は、小学生が受ける中学入試から大学入試まで頻出ですし、最近では偏差値の高い学校の記述問題では、日本の悪口を書かないと高得点を取れないとか。司法試験、公務員試験、教員採用試験と、日本のリーダーになるような人が受ける試験は、すべてこうした価値観で貫かれています。いずれも、憲法の勉強が必要です。

宮澤俊義東大教授は憲法学の権威で、まるで神の言葉のように宮澤の語った価値観が浸透していきました。マッカーサーやGHQに入り込んだソ連のスパイなどは、日本の状況をよく知りませんから、宮澤を通じて間接支配の形で、日本人弱体化計画を進めたのです。

ちなみに、私が作った駄文と同じような内容は、たいていの憲法の教科書に書いてあります。

◆「逆・教育勅語」読者の反響

さて、私のブログの同日記事のコメント欄に寄せられた御意見をいくつか拾ってみましょう。

《意見一》

コミンテルンの活動方針かと思いましたw

コミンテルンは、先にご紹介したとおり、ソ連のスパイ機関です。アメリカを戦争に駆り立て、大日本帝国を滅ぼさせた恐ろしい工作機関です。知らない方のために説明しておくと「w」というのは、（笑）を表すネット特有のスラングです。

《意見二》

実に面白かったです。フランクフルト学派の方針そのままをなぞっているのではないでしょうか。戦後民主主義とは。

フランクフルト学派とは、ドイツのフランクフルト大学に集まっていたマルクス主義の学者たちです。彼らはアメリカに亡命し、アメリカ政府の対日参戦をはじめとして、世界の現実政治に影響力を行使しました。
アメリカはかなり早い段階から「日本占領弱体化」を計画していましたが、その占領方針はフランクフルト学派の影響を強く受けていると言われています。
なお、その中にユダヤ人が少なからずいたので、「ユダヤの陰謀論」で定番となっています。

《意見三》

ユダヤ人が守っている主義と同じような感じがします。戦後の日本人を堕落させるための、戦後教育だと思う今日この頃です。

倉山満先生、ばんざい。

なぜユダヤ人なのか、わかりません。ユダヤ人の主義と言うなら、「タルムード」にそんなことが書いているのでしょうか。

こういう人が困るのです。勝手に架空のユダヤ人像を作り上げて、「常に陰謀を企んでいる悪い奴」としたがる。

ユダヤ人に限らず、どんな集団にだって陰謀を企んだり悪い奴がいたりするのは当たり前です。フランクフルト学派やGHQにユダヤ人の誰かがいたからと、ユダヤ人全員が悪い人になるわけがありません。

なお、仮にユダヤ人が日本弱体化のために掲げた主義だとして、自分で守っているはずがありません。弱体化させる相手に守らせたい主義を自分で守るはずがありません。アメリカ人が自分の国で愛国教育をしているからこそ、日本では愛国心を悪いもののように教えるように。だから、「ユダヤ人が守っている主義と同じような感じがします」というのは、間違いです、としか言いようがありません。

《意見四》

こんばんは。

違和感なく読めてしまいましたorz

これも解説しておくと、orzというのはへこんだ感情を表すスラングです。

《意見五》

こんばんは。

スラスラと読めてしまい、現代の子どもの教育や一部の大人は逆・教

育勅語で育ってきたんだと思ってしまうほどの文章でした。

国を変えるには、白川総裁のような振る舞いをしている人たちを排除することも必要かもしれませんが、これからの日本の将来を担う子供たちへ対する教育の仕方も変えなければならないと思いました。

私は将来、高校の教員を目指しています。自分の教える教科の内容だけでなく、逆教育勅語のような子供が少しでも減らせるようにしていかなくてはいけないと感じました。

白川総裁と言うのは、当時の日本銀行総裁だった白川方明氏のことです。平成二十一年にブログ「倉山満の砦」を開設してから、平成二十五年二月の白川氏辞任の日まで、来る日も来る日も「白川を討て！」と言い続けていましたから、白川氏に言及するコメントが寄せられたのです。

当時は、「失われた二十年」と言われるような大不況にありながらデフレ政策を続け、失業者と自殺者があふれていました。それでも白川総裁は「日銀はやるべきことはやっている。何も非難される筋合いはない」と、涼しい顔でした。その白川氏への怒りが安倍政権樹立とアベノミクスにつながり、白川総裁馘首につながったのは、記憶に新しい通りです。

《意見六》

今日の話、面白かったです。

特に8が好きです。

天皇陛下が国民に語りかけるという事が大切なのでしょうね。いまも変わらないこの国の基本だと思います。

参考文献

小室直樹：『日本人のための憲法原論』（集英社インターナショナル）

※今日の話も含め、普段の倉山さんの話と関連する話が盛り沢山の大著です。宜しければどうぞ。

逆・教育勅語の八とは、「知識を養い才能を伸ばしてはいけません。大事なのはゆとりです」です。

勉強はなんのためにするのでしょうか。いろいろな答えがあるでしょうが、私は「生きる力を身に着けるため」と答えることにしています。

ゆとり教育は、いわゆる「詰め込み教育」の行き過ぎへの反省からはじまりましたが、その失敗はもはや誰の目にも明らかです。もちろん何でも行き過ぎはいけませんが、最低限の知識の詰め込みもなしに、才能を伸ばせるなどということはありません。単純に言えば、将棋の天才の子供がいたとして、その子が将棋のルールを知らないなどということがあるでしょうか。最低限以上の知識なくして、才能の開花はありえないのです。

なお、コメントであげられている参考文献ですが、博学多才の社会科学者として知られた小室直樹博士は生前、「戦後民主主義教育はアメリカ式でも何でもない。むしろ、デモクラシーの核となる愛国心を教えていないのだから、民主主義の精神が育つはずがない」と事あるごとに強調していました。自身が日本では才能を認められず、最初に受け入れてくれた国がアメリカだったということからの視点でもあります。

《意見七》 逆にすると本当に良さがわかりますね。

戦前の日本の子ども達が（ほとんどは高等教育を受けていない）、まるでかけ算の九九のように暗唱し、ソラで言えた教育勅語。日本は本当に優れた国。

この教育勅語を学んだ日本人が従軍慰安婦強制連行、虐殺等できるはずがないですよね。教育勅語（１２の徳目）は、買えば１００万円近くする米国の怪しい自己啓発教材よりも優れた内容（しかも簡潔なのがい い！）だし、現に米国でも評価が高いベンジャミン・フランクリンの１３の徳目よりも良い。

これが全国民の暗唱教材に．．．．米国は当時さぞ日本が恐ろしかったんでしょうね。内容は、実に先進的！。

もちろん、逆・教育勅語は暗唱しないで構いません。創始者の私も覚えていません（笑）。

ただ、昔の日本人が教育勅語を「まるでかけ算の九九のように暗唱し、ソラで言えた」は本当です。

ちなみにアメリカ建国の父と言われる政治家で、物理学者でもあったフランクリンの十三の徳目はあまりにも曖昧です。たとえば十三番目は「イエス及びソクラテスに見習うべし」となっていますが、どうやって見習うのでしょうか。真似できないから聖人と呼ばれるのですが。

《意見八》

はじめまして。

カズヤチャンネルさんの動画で紹介されていたので検索して参りました。

世の中モンスタークレーマーが跋扈し世知辛くなった原因がわかった気がしました。

この風潮、戻さないといけませんね。

カズヤチャンネルとは、動画配信サイトYouTubeで、KAZUYA君と言う若い青年が社会に対する意見を数分間にまとめて発信している番組です。KAZUYA君は何度か「逆・教育勅語」を紹介してくれています。また、自身でも戦前の「修身」を勉強し、番組として発信しています。

工夫を凝らしたその発信方法を参考にしてください。私も参考にし、どうしたらみんなが話を聞いてくれるか、ということでこんな「逆・教育勅語」を作ってみました。

◆正攻法は×！　今こそ世に問う「逆・教育勅語」

敗戦後長らく、「教育勅語なんか読んでいると戦争が起きる」「いや、教育勅語を復活させて日本人の道徳を立て直そう」という左と右の不毛な論争が続いてきました。今でも一字一句この通りのことを言う人が左右ともにいますが、四十年前でも一字一句通じてしまうことを言ってしまう自分に疑問を持たないのでしょうか。この人たちは。

それこそ、私が「白川を討て！」と四年間言い続けた時も、結論は同じでも手を変え品を変え、いろんなやり方で訴えてきました。

もちろん、私も「教育勅語を復活させて日本人の道徳を立て直そう」という意見には大賛成です。しかし、いきなりそれを言って通るのか。たとえば、選挙で政治家がそんなものを公約に掲げたら、間違いなく落選でしょう。

教育勅語、というと日本人のほとんどは「なんとなく怖い」と思っているのです。現実には。

だから、あえて逆に問い直したいのです。

逆・教育勅語を読んでどう思いますか。今の日本で実現していませんか。そちらの方が怖くないですか。それがいいと思いますか。と。

一章
こうして「両親を大切にしない」世の中になった

逆にしたらよくわかる教育勅語

一、親に孝養をつくしましょう。

一、親に孝養をつくしてはいけません。←
家庭内暴力をどんどんしましょう。

◆「家社会」のルーツは御成敗式目

大昔から日本人は「親孝行しなさい」と習ってきました。それが頂点に達したのは、鎌倉幕府の御成敗式目です。成敗とは裁判のことです。御成敗式目は、名君と言われた第三代執権の北条泰時がまとめた法典です。泰時は裁判の基準をまとめたのです。貞永元年（一二三二年）にまとめられたので、貞永式目の名でも呼ばれます。それまでの先例と、みんなが考えていた道理を基準として作られ、とてもよくできていたので後の室町幕府や江戸幕府にも受け継がれました。

また、単に法律として受け継がれただけでなく、教育現場で子供たちにも教えられたのです。

江戸時代の子供たちは寺子屋で読み書き算盤を習ったのですが、ほかにも社会で生きていくのに必要なことを教わりました。たとえば、離婚状は三行半で書くとか、借金の証文の書き方とか。いつ必要になるかわからないので、練習したのです。

御成敗式目は法律であり、価値観を教える道徳でもあります。子供たちは裁判の基準を勉強することによって、社会で生きていくうえで何が善で何が悪かを、子供のころから自然と身に着けていったのです。

御成敗式目は現代の法律にも生きています。たとえば、時効です。式目では、借りた土地やお金は二十年たてば返さなくてよい、とされていました。現代の民法でも、貸したままで催促しなければ、二十年経った時点で借りた人のものになります。これを法格言で「権利の上に眠るものは保護されない」と言います。

権利は、行使しなければ喪失するのです。最近でも、集団的自衛権の議論で、「保持しているが行使できない」という解釈がされていたのですが、行使しない権利は無くなってしまうのです。今の日本人はこんな当たり前のことがわからなくなっていますが。

さて、御成敗式目の特徴は、父親の権利の強さです。鎌倉時代の武士は「一所懸命」と言って、一つの所領のために命を懸けるのが当たり前でした。鎌倉武士にとって所領とは、富や名誉などすべての権利の象徴だったのです。だから、土地争いが絶えず、時には正式な裁判ではなく殺し合いで決着をつけることもありました。これを自力救済と言いますが、こんなものを認めては、法も何もありません。歴代幕府は、秩序の維持に腐心しました。

そこで、「家」を秩序の基準としたのです。鎌倉時代で言うと、源氏が絶えると皇族を迎えて将軍家を維持し、実際に政治を行う執権は北条家から、その中でも中心となる得宗家を他の北条一族が守るという体制で秩序を維持しました。御家人と呼ばれる有力武士たちも家の単位で固まっていました。

家の中心は、惣領と呼ばれる人です。誰が惣領になるかは、時代によっても個別の事情で違いました。ただし、いずれの時代も、父親の権力は絶対でした。鎌倉時代は、分割相続といって、原則として平等に財産を分割しました。ただし、土地には限りがあります。全員に平等に分け与えていけば、たいていの家は三代もたてば困窮し、分け与える土地がなくなります。戦があって所領が増えていくうちはよいのですが、鎌倉時代の日本は外国から領土を獲得していませんし。それどころかモンゴル帝国の侵略をはね返すために武士たちは一丸となって戦いましたが、防衛戦争ですから恩賞となる土地はありません。武士の窮乏は一気に進みました。

土地問題は鎌倉時代を通じて悩みの種でした。

そこで、父親に一度与えた土地でも取り返すことができるという「悔い還し」の制度が認められたのです。平等分割ですから、ほっておけば一族の土地はどんどん減っていきます。だから、「こいつには財産を渡す価値がない」と父親が判断すれば、理由を説明することなく取り返すことができるのです。所有権もへったくれもありません。しかし、こうでもしないと家がまとまらないと考えられてきたのです。

◆「家社会」のなりたち

父親への孝は、主君への忠よりも大事だと言ったのは儒家の孔子です。ある時、羊泥棒がいました。それを息子が役人に知らせました。孔子は、「それは正直とは言わない。息子であるならば父をかばうべきだ。それが人の情だ」と説いたのです。

これを法家の韓非子は、「それでは君主の威令が行き届かなくなり、国が乱れる」と批判したのですが、我が国で受け入れられているのは孔子の思想です。

現代日本でも、刑法一〇三条に犯人隠匿罪があり、犯罪者をかくまうことを禁止しています。同時に刑法一〇五条では親族が隠匿した場合は「刑を免除することができる」と規定しています。まさに、「親が子を、子が親をかばうのは当たり前である」という孔子の思想の通りに実行しているのです。

日本は中国人が言い出した建前を、中国人以上に実行してしまうところがあります。孔子の言っていることを中国人が「人をだます武器」か、せいぜい建前くらいにしか思っていないのに、日本人は本気で実行しようとします。

孔子の説いた「君に忠、親に孝」を日本人はありがたがり、日本社会は「家社会」と呼ばれるようになります。それには、まとまった平野が関東・東海道・濃尾・関西にしか存在しない我が国の地理環境も影響しています。

日本の国土は七割が山で、室町時代まで多数派は「山の民」でした。山では、家社会でないと生活できません。室町時代末期、各地の戦国大名が城下町を作るようになると、都市が形成されていきます。平和な江戸時代になると、江戸・京都・大坂の三都の他、今の県庁所在地に当たる場所が城下町として栄えます。江戸の日本は農民が九割ですから相変わらず家社会ですが、人口は都市に集中し始めます。特に不況の時などは、都市への人口流入が激しくなります。この当時の大不況は飢饉ですから、家族ごと引っ越してくるなど不可能です。一家離散となります。

そもそも家社会と言っても、家を継がない二男三男は「穀つぶし」といって、貧乏なら「さっさと独立しろ」という扱いでした。

ついでに言うと、戦国時代は戦で死ぬので男性人口が少なく、「女余り」社会です。男の方が希少品なので、結婚問題で困ることはありませんでした。それが天下太平の江戸時代になると反動で、「男余り」社会になります。一生結婚できない独身の男が増えていきました。豪商のようなよほど裕福な家は別として、圧倒的多数の家ではそういう独身男は独立していき、子供をつくることなく、つまり父親になることなく生涯を終える人が多くいました。

◆個人主義の萌芽とその反動

近代化の明治、まだまだ家社会は続きます。一方で、外国の思想が流入し、それに影響を受ける人も出てきます。

明治四年(一九七一年)、欧米の文物を見学すべく派遣された岩倉使節団には、五人の少女がいました。そのうち二人はあっさりとホームシックにかかって帰国。残る三人のうち、一人は帰国早々に外国帰りのお金持ちを結婚相手に見つけて、専業主婦として悠々自適の生活に。もう一人は、「日本の男なんてエチケットも知らず、デリカシーもない」などと小馬鹿にしつつお見合いを断っているうちに婚期を逃し、やはり外国帰りのお金持ちを結婚相手に見つけて、当時としては異例の恋愛結婚。最後の一人は、生涯独身を通しました。自立した女性の先駆けですが、古い家社会に背を向けた人たち、とも言えます。

明治の大事業のひとつが憲法以下の法典制定ですが、「民法出でて忠孝滅ぶ」という批判もなされたように、欧米の個人主義が日本にも広がっていき、それに対する反発から「家族を大切にしましょう」という標語が強調されるのです。

明治時代は「欧米に追い付け、追い越せ」の時代です。国中が一丸となって、外国の侵略に負けてなるものかと頑張っていました。日露戦争に勝つと、幕末以来の緊張が緩みます。それまでは「お国が第一」だったのが、国民全員で協力して大戦争に勝ったのだから国民にも権利や自由を認めよ、という風潮になるのです。

大正時代、リベラリズムの風潮の中で、都市にはサラリーマンがあふれます。何世代も同居している大家族がある一方で、一家族だけで住む核家族も現れてくるのです。

ちなみに、この時代の人の伝記を読んでいると、おじいさんが孫に暴力をふるったので、父親が「俺の息子に何をする⁉」と仕返しをした、などという話が普通に出てきます。明治大正は新聞がメディアとして広がる時代なので、そういう三面記事はあふれています。今の新聞の三面は政治欄ですが、当時は頁数が少ないので三面に社会欄が載っていました。

大正デモクラシーと呼ばれる風潮は昭和初期で終わり、戦時体制へと突入していきます。国を挙げた大戦争をやっているわけですから、「パーマネントは〜、やめましょう♪」などという歌が流行り、個人主義など許されなくなります。「欲しがりません、勝つまでは」「産めよ、増やせよ」が合言葉となり、家族、町内会、そして国といった集団の結束が尊ばれるようになります。父親の権威が絶対の時代になります。

戦前の日本が暗い社会だ、家父長制の国だ、という印象が強いのは昭和十年代のこうした風潮のせいです。これは明治大正昭和を通じた風潮でも、ましてや古代以来の日本の伝統でもなんでもありません。

◆そして日本の「家社会」は崩壊していく

敗戦後、アメリカ占領軍は「封建制の打破」と「民主主義の徹底」を掲げて、日本の家族制度を解体しにかかります。アメリカ人たちは、昭和十年代特有の家父長制的な家族制度が日本の封建的伝統だと思い込みました。

そして憲法改変をはじめ徹底的な政策を推進し、日本の社会構造そのものまで変革していきました。

戦前日本の文化を色濃く残している日曜六時半の国民的アニメ番組に、『サザエさん』があります。一家の大黒柱の波平さんは昔ながらの頑固おやじで、すぐに息子のカツオを拳骨で折檻しますが、本当は愛情あふれるお父さんです。サザエさんの夫のマスオさんは、気の優しいお兄さんです。養子になったわけではないのに妻一家と同居していることもあってか遠慮がちなところはありますが、子供を叱るときはビシッとしています。『サザエさん』は、作者の長谷川町子さんが、古き良き日本の風景を残そうとの思いで描き続けた作品です。作者死後も、一つの日本的家族の理想形として作品制作は続けられています。本来の『サザエさん』は敗戦直後が舞台でしたので戦前の雰囲気を色濃く残しています。

戦争の記憶が薄れてきた昭和四十年代後半を舞台にした、同じくフジテレビ系を代表する日曜六時放映のアニメ番組が『ちびまる子ちゃん』です。小学四年生のちびまる子ちゃんと父のひろしは友達のような関係です。作者のさくらももこさんは、自身の子供時代を舞台に、自分の理想の家族を描こうとしたとのことです。

平成の家族を象徴するのが、テレビ朝日系の『クレヨンしんちゃん』でしょう。この番組は大人気作品ですが、一方で俗悪番組の異名も頂戴しています。主人公のしんちゃんは、両親を小ばかにし、父ひろしの口調をまねて「お〜い、みさえ」などと母親に呼びかける始末ですが、両親ともに気にしません。

サザエさんが二十代後半の主婦、ちびまる子ちゃんが小学四年生、しんちゃんが幼稚園児という違いもありますが、この三作品を比べていくと父親の権威が戦後日本でどのような扱いになっていったか、わかるでしょう。

昭和末期、家庭内暴力が毎日のようにニュースの話題になる時代がありました。子供が親に暴力をふるい、「金属バット両親殺害事件」などはかなり話題になりました。

親への暴力が横行する時代、社会学者の小室直樹氏は「子供に殺されない方法はなんですか」と聞かれ、即座に「殺されるよりも先に子供を殺すことです」と答えていましたが、今や本当にその通りの世の中になってきています。

このようにして、「両親は大切にするな」という世の中になってしまいました。

二章
こうして「兄弟姉妹を大切にしない」世の中になった

二、兄弟・姉妹は仲良くしましょう。

二、兄弟・姉妹は仲良くしてはいけません。←
兄弟姉妹は他人の始まりです。

◆神話の昔から兄弟喧嘩はあった

教育勅語は家族の大切さを説いています。当然それをひっくり返した「逆・教育勅語」は「家族を大切にするな」と説きます。

神話の時代の海彦と山彦からはじまり、兄弟喧嘩が殺し合いになることは珍しくありません。

大和時代の中大兄皇子と大海人皇子の争いは壬申の乱に至りました。平安時代、桓武天皇は弟の早良親王を死に追いやり、死ぬまで親王の怨霊に悩まされます。保元の乱では、天皇家・藤原摂関家・源氏のすべての家が、兄弟で殺し合いをしています。鎌倉幕府初代将軍の源頼朝は、戦功のあった弟の義経と範頼を殺しています。モンゴル帝国の侵略を防いだ北条時宗は、国の結束を守るために抵抗勢力になりそうだった兄を討ち果たしています。室町幕府も、初代将軍の尊氏は弟の直義と国を二分した擾乱を引き起こしています。この時の争いは日本史の中でも特に激しかったので、擾乱と呼ばれています。織田信長も、兄や弟との争いに勝って、その地位を築きました。

家社会の続きですが、平等分割を原則とした鎌倉時代の話はしました。その反省から、室町時代は実力によって誰が家を継ぐかを決めました。だから家の中で争いが絶えません。最後は応仁の乱と言って、あちこちの家で相続争いが起こり、国を真っ二つに割った殺し合いになり、戦国時代に突入します。

戦国時代は下剋上と言って、実力さえあれば下の者が上の者を倒してその地位を奪うことができる時代です。身分が固定されていて、どんなに実力があっても出世できない社会の方よりいいじゃないかと思うかもしれません。その一面だけを見るとその通りですが、戦国時代の下剋上は殺し合いによって決着をつけるのです。こういう社会は安定しません。

もし情けをかけて相手を生かしておいたら、次は自分が殺されるかもしれないのです。乞食のように流浪しながらも、挽回して城を奪い返した話など、戦国時代にはゴロゴロ転がっています。

江戸時代は、平等分割の鎌倉と実力主義の室町の反省から、長子単独相続になりました。要するに、長男にすべてを継がせ、その代わりに家の面倒を全部見させるということです。より正確に言うと、嫡子単独相続です。嫡子には普通、正室（正式な奥さん）が産んだ一番上の子がなります。側室（正式ではない奥さん）が産んだ子は先に生まれても、正室に男の子が生まれたら弟扱いです。本人の努力ではどうにもならないことなんだからあきらめろ、ということです。要するに、殺し合いはよくない、変な陰謀を企むな、です。

とはいうものの、この原則はなかなか浸透しませんでした。一人が財産を総取りとなると、その一人になりたいと思うのが人情です。特に、将軍家や大名家ともなると、絶大な権力を持ちます。お殿様になれる人についていけば権力は思いのままですが、はずれたら悲惨です。

徳川家光は、弟の忠長との後継者争いに勝って、三代将軍の地位を手に入れました。父の秀忠は癇癪持ちの家光を嫌い、利発な忠長を後継にしようとしました。それを祖父の家康が鶴の一声で、長男の家光を将軍にすると決めたのです。忠長やその家臣は不満で、ことあるごとに陰謀を企んでいたので、とうとう家光は弟に切腹を命じることになります。

家康は「神君」と崇め奉られたほど死後も権威を持ちましたが、権力が絡むと神の教えも何もなく争うものです。

徳川八代将軍吉宗は、享保の改革で傾いた幕府を立て直した名君とされ、現代でも時代劇の『暴れん坊将軍』などでヒーロー扱いです。その吉宗も後継者争いで悩みました。

長男の家重は脳に病があり、言語障害者でした。とても将軍が務まるとは思えませんでした。それに引き替え、弟の宗武と宗尹は父に似て見た目も良く聡明と評判でした。吉宗は悩みましたが、宗武と宗尹にくっついて権力を握ろうとする人たちが派閥を作ろうとしているのを看て取り、あえて家重を後継にする決断をします。「神君の先例に従う」と、一切の批判をさせませんでした。

ここで理屈を言えば、絶対に遺恨が生まれ、争いの種が残ります。吉宗は、あえて家重を長男であるという理由だけで指名し、「弟たちは従い、将軍家を支えよ」とすることで、家の結束を保とうとしたのです。家康に次ぐ権威があった吉宗が生きている間にきちんと後継指名をしたことで、長子単独相続の原則が確立したのです。

日本で長男の権威が確立するのは、意外と近い時代なのです。それも絶対ではありませんが。

◆長男の権威のピークは明治時代

最も家を継いだ長男の権威が強かったのは明治時代でしょう。明治時代と言えば、立身出世の時代です。若槻礼次郎のように、極貧生活だったけどお金を出してくれる人がいたので勉強し、東京帝国大学を卒業したら大蔵省に入り、最後は総理大臣に出世した例もあります。若槻は特別な例ではありません。城山三郎の『官僚たちの夏』は実在の通産官僚をモデルにした小説ですが、主人公が苦学の時代を「俺の勉強は命懸けだった。上の学校に上がるたびに、実家は山を売って学費を出してくれた」と振り返るシーンがあります。戦前の日本では、まったく珍しくない光景です。長男が勉強のできる弟のために自分は学校に行かず、働いて家を守るというのは、よくある話でした。

問題はここからですが、総理大臣や博士になったら、位人臣を極めたことになります。「末は博士か大臣か」が合言葉でしたし、男の子の憧れは「陸軍大将か連合艦隊司令長官」という時代です。立身出世の時代には可能でした。しかし、そうした東京の名士も、いざ故郷に錦をかざり、生まれ育った家に入ると、長男より上座には置かれません。どんなに偉くなっても、家長は家を守る長男なのです。弟の方も、兄のおかげで今の自分があるのだからと、生涯にわたりたて続けるのが、戦前の日本でした。そこで、「今の俺様は大臣だ」などと言い出したら、と想像してください。殺伐とするでしょう。だから戦前の日本は、「どんなに偉くなっても、今の私があるのは父や兄たちのおかげです」と感謝するのが正しいとしていたのです。

東京のような都市と、田舎社会ではギャップがあります。このあたりは夏目漱石の小説を読むと、雰囲気をつかめるでしょう。有名な『坊ちゃん』は、東京で大学を出たエリート教師が、田舎では尊敬されないギャップを描いた作品です。

良い面も悪い面もありましたが、戦前日本は家社会であり、田舎には家社会を基礎とした独特の秩序があったのです。

敗戦後の高度経済成長は、日本社会を大きく変えました。大正デモクラシー期などとは比較にならないほど核家族化が進みました。親戚づきあいも希薄になっていきます。「遠くの親戚より、近くの他人」です。昭和四十年代になると、近所づきあいすら減っていきます。

長男の権威、家長の威厳、など今や完全に死語です。

このようにして、「兄弟姉妹は大切にするな」という世の中になってしまいました。

三章

こうして「浮気や離婚が当たり前」の世の中になった

三、夫婦はいつも仲むつまじくしましょう。

↓

三、夫婦は仲良くしてはいけません。じゃんじゃん浮気しましょう。

◆日本における恋愛の歴史

講演などで「逆・教育勅語」を読み上げると、「三番目だけは正しい」という人が必ずいて困るのですが（苦笑）。そういうおじさんも、隣に奥さんがいるときは絶対にそういうことを口にしませんが（笑）。

結婚制度も時代によって変わります。古代より日本では、男が女を歌で口説くという恋愛が盛んでした。女が男に顔を見せるというのは、既に相手を受け入れていることになりますので、歌でやり取りするのです。声、文字、そして内容でその人の人となりを判断するのです。

ただしこれにはルールがあって、必ず男が女の人に声をかけるのです。逆ナンは許されません。これは古事記でイザナギ・イザナミ夫婦が国造りをした時、女のイザナミが声をかけたら失敗したけど、男のイザナギが声をかけたら成功したという話に由来するようです。ということなので、男は受け入れてもらえる女性が出てくるまで声をかければよいのですが(ただし、心が折れない限り)、女の人は誰からも声をかけられないと一生独身の〝非モテちゃん〟で終わります。だから、イイ男に声をかけてもらえるよう、あの手この手で必死でした。

平安時代までは、庶民に恋愛は無理。恋愛は特権階級にだけ許されたお遊びでした。ただし、平安貴族の恋愛は命懸けです。藤原氏は三百年の栄華を築きましたが、その方法は単純で、娘を天皇の后にして、生まれた子供を次の天皇にするのです。そしてまた、一族の娘を天皇の后にして…を繰り返すのです。まったく同じ方法で平氏は権勢を築きましたし、室町時代の日野家も歴代足利将軍に一族の娘を送り込み続け権力を握りました。

鎌倉幕府で「尼将軍」と言われた北条政子は、初代将軍源頼朝が流人だった時に駆け落ちして妻になった、当時としては珍しい完全な自由恋愛による結婚です。たまたま頼朝が出世をしたので北条家は将軍の一族として特別な地位を得ましたが、京都大好き、身分が高いお公家さん大好き、何より救いようのない女好きの頼朝が他の女にうつつを抜かすと、一族ごと皆殺しにされかねません。現に頼朝死後、政子の息子で二代将軍頼家の妻の実家の比企氏とは殺し合いを演じています。

身分が低い田舎豪族の出身だった政子は不安で仕方がなかったのか、頼朝の浮気相手の家に殴り込みをかけて、屋敷を破壊したこともあります。

北条政子とか日野富子というように、鎌倉室町では女性は夫の姓を名乗りません。実家こそが後ろ盾であり、恋愛とは家の浮沈を賭けた命懸けのゲームなのです。

平安時代は男女対等で、男が余所に通い詰めることもあれば、女が男を家に入れないで他の男を家に上げることもありました。宮廷はかなり乱脈を極めていました。鳥羽天皇の皇后の璋子さんなどは、結婚後も天皇の祖父の白河法皇との不倫を続けていました。鳥羽天皇は生まれてきた皇子を祖父と妻の不倫の子だと確信し、「叔父子」と呼んでいたほどです。

鎌倉時代になっても朝廷の乱脈は加速するばかりです。というか、政治の実権は鎌倉幕府に奪われてたいしてすることがないので、そっちの方向に走るのです。承久の乱は後鳥羽上皇がお妾さんの所領問題で依怙贔屓をしたことが原因です。後深草上皇と亀山天皇は、実の妹を兄弟で奪い合ったりしています。弟の亀山天皇が寝取ったと思ったら、兄の後深草上皇が仕掛けたハニートラップだったとか。そんな話のオンパレードです。この兄弟喧嘩が朝廷の派閥分裂を招き、南北朝時代に「二所朝廷」で争う遠因になります。

◆「悪女」日野富子の奔放な恋愛

時代が下るに従って、「男は子供を残すために側室を持て。ただし、これは自由恋愛としての権利ではなく義務だ」「女は浮気をすると誰の子供かわからなくなるので、夫は生涯一人だと覚悟せよ。ただし、未亡人になったら遊んでも構わない」という風に変わっていきます。とはいうものの、未亡人は出家して尼寺で一生亡夫の菩提を弔うか、再婚するかなのですが。

室町幕府八代将軍足利義政の妻、日野富子は悪女として知られます。たいていの大河ドラマは地元の地域振興のためであり、特にＮＨＫの受信料の徴収率が悪いところでやって、徴収率をあげるものなのですが、富子を主人公にした『花の乱』は違いました。京都の人は、「戦災」と言えば第二次世界大戦ではなく、応仁の乱のことを指すほどです。いまだに乱を起こした富子を嫌っているから、当時の史上最低視聴率を記録してしまったのでした。

富子が不人気の理由は、応仁の乱の東軍西軍の両方に暴利で金を貸してぼろもうけするような銭ゲバとか、権謀術数が度を越えているとか、その場しのぎで平気で人を切り捨てるとか数多いのですが、その中で奔放な恋愛も挙げられます。度重なる夫・義政の浮気に耐えられなくなった富子は後土御門天皇と不倫してしまうのです。「そっちが将軍なら、こっちは天皇だ」とばかりに。さすがに、中世でもこんな例は他にありませんが。

戦国時代の日本には、恋愛にはやたらとお堅いカトリックの宣教師がやってきています。その中で「日本の女性には貞操観念がない」と、この時代から日本人は自由恋愛でフリーセックスばかりしているような書き方をしていますが、さすがにそれはないでしょう。離婚がご法度のカトリックからすれば（だから不倫が文化となる）、ホイホイと再婚する日本人未亡人がそう見えたということです。

◆武士の恋愛、庶民の恋愛

個人差、身分差、地域差を考慮する必要がありますが、ほとんどの日本人には「ケ」と「ハレ」があります。日常と非日常です。非日常であるハレの典型は祭りです。日常では男女とも夫婦の貞節を守り、結婚前の男女の「できちゃった結婚」などもってのほかです。そういうのは「野合」として忌み嫌われました。しかし、「年に一度の祭りのときは例外として許す」という時代・地域は多くあります。

また、戦場に駆り出された男は時に戦いの一部として敵国の女にそういうことをしろと命令される場合があります。敵国の領主には自国の領民を守る能力がないぞ、ということを示すためです。ただし、敵方の領民にこんなことをすれば恨みを買って、自分が占領した時に復讐される可能性もあるので、まともな大名は戒めるのが常でしたが。だから、戦地では売春婦が大流行でした。

一方、男が余所へ出て行っている間、領国に残された妻が羽目をはずす、ということも日常茶飯事でした。お互い様です。

江戸時代は先に記したように、男性人口が多いのですから、女性の買い手市場です。幕府は儒学を広めようとしました。実際に、建前としては広がります。ただ、男女のことは、いかなる権力者も、いかなる道徳も、縛り付けることができないのは古今東西、同じです。落語「二階借り」のような間抜けな話はともかく、厳格なイスラム教国のような「浮気をするのは命懸け」ということはありません。

最近もイラクで、「不貞を働いた女は石を投げて殺す」という戒律を実行しようとし、手間が勿体ないので銃殺したら、原理主義者から「コーランを破るな。ちゃんと石を投げろ」と反論されるようなことがありましたが、そんな怖い話は、江戸時代の日本にはありません。

むしろ江戸時代は家に縛られる武士より、庶民の方が自由でした。この時代の銭湯は混浴で、幕府が何度も禁止令を出したのに止まらなかったのですから。武士には「妻敵討ち」と言って、「夫は妻の浮気現場に遭遇したら相手の男ともども妻を殺しても良い」という法はありましたが、めったに実行されませんでした。一生、「妻に裏切られた男」というレッテル貼りで生きていかねばなりませんから。そういう場合、夫は泣き寝入りして無かったことにし、妻と関係を再構築するのが大方だったようです。

このあたり、中国人の夫婦喧嘩とは性質が違います。日本人の喧嘩は、相手に対して悪口を言うのが常です。特に「夫婦喧嘩は犬も食わない」ということわざもあるくらいで、ヨソの人に聞かれないようにやるのが普通です（それでも興奮した夫婦の怒鳴りあいは近所迷惑になりますが)。

一方、中国人の喧嘩は、第三者に自分の正当性を判断してもらおうとします。だから、夫婦喧嘩の時は二人とも表に出て、第三者に自らの正当性を説得できたら勝ち、という訳です。夫が妻の浮気現場に遭遇したら、夫が妻の不貞を訴え、妻は夫に原因があると訴え、あげくは間男までが「俺は悪くない」と言い出す始末、という小話もあるくらいです。日本のような恥の文化はありません。

満洲事変でも、尖閣問題でも、日本人は中国と一対一で話し合おうとしますが、中国はアメリカを味方につけようとします。こんなところに民族性の違いがあるようです。少なくとも、中国人の方が国際プロパガンダ戦は得意だと言えそうです。

夫婦の話に戻すと、明治時代は封建の遺風を引きずっていました。最初の民法など女性を準禁治産者扱いしていたようなものです。これが大正デモクラシーの風潮で、社会に出て働く女性が増えてくると、戸主として一家を支える女性も出てきます。女性差別的な法律も次々と改正され、判例でも男女平等が推進されました。女の人が浮気した時だけ罰する姦通罪は、どんどん形骸化していきます。江戸時代の「妻敵討ち」と同じで、「奥さんに浮気された～」など知られたら自分の恥なので、黙って泣き寝入りするものだったのです。

ただ、自分がどうなろうと浮気相手を社会的に抹殺したい場合だけは別でした。北原白秋は別居中の人妻と不倫関係になり、夫から訴えられて収監され、和解が成立したものの名声が地に落ちてしまいました。今でいうとスキャンダルタレントになってしまったのです。

前近代以来の「お妾さん」は社会慣習として残っていましたが、一夫一婦制が定着していきます。昭和天皇は、正式に側室制度を廃止しました。

◆そして日本国中に毒が回っていった

敗戦後、民主化の主な柱が「男女平等」になります。日本国憲法には、第十三条から第四十条までずらりと権利規定が並びます（ど真ん中の第三十条だけは、「納税の義務」ですが）。

その中で家族の規定に関しては、第二十四条で定めています。

《日本国憲法　第二十四条》

第一項　婚姻は、両性の合意のみに基いて成立し、夫婦が同等の権利を有することを基本として、相互の協力により、維持されなければならない。

第二項　配偶者の選択、財産権、相続、住居の選定、離婚並びに婚姻及

び家族に関するその他の事項に関しては、法律は、個人の尊厳と両性の本質的平等に立脚して、制定されなければならない。

自由恋愛と結婚の平等を謳っています。こんなもの、憲法の条文でわざわざ書くことか、民法に書いておけば十分ではないかと思いますが、ただ一つ弁護しておくと、ＧＨＱのスタッフが作った原案はさらに愚かな内容だったので、そちらよりはマシとは言えます。

《占領軍草案　第二十三条》

家庭は、人類社会の基礎であり、その伝統は、善きにつけ悪しきにつけ国全体に浸透する。それ故、婚姻と家庭とは、法の保護を受ける。婚姻と家庭とは、両性が法律的にも社会的にも平等であることは当然であるとの考えに基礎をおき、親の強制ではなく相互の合意に基づき、かつ男性の支配ではなく両性の合意に基くべきことを、ここに定める。これらの原理に反する法律は廃止され、それに代わって、配偶者の選択、財産権、相続、住居の選択、離婚並びに婚姻および家庭に関するその他の事項を、個人の尊厳と両性の本質的平等の見地に立って定める法律が制定されるべきである。

まさに〝ポエム〟です。これが我が国の憲法になるくらいなら、今の日本国憲法の方がはるかにマシだと思えます。それもそのはず、この調子でＧＨＱのド素人が作ってきた作文を、日本人の官僚が添削し、なんとか法律として最低限機能するように手直ししたのが、今の日本国憲法なのですから。

しかし、七十年もこんな愚かな条文を使っていると毒が回るものなのです。

「アメリカ占領体制の打破」「戦後レジーム脱却」「自主憲法制定」を主張する保守系新聞社が、「GHQの草案にも良い条文はあった。特に家族尊重規定を日本側が削ったのは、こちらの落ち度だ」と何度もこれでもかと主張し、保守系の改憲案のすべてに「家族尊重規定」が盛り込まれるような流れになりました。何の冗談でしょうか。保守を名乗る人間がGHQの精神的奴隷になりたがるなど、「逆・教育勅語」などより、よほどのホラーであり、グロテスクなパロディーです。

ところで、「戦後、強くなったのは女と靴下」などと言われましたが、昭和四十年代まで妻が夫に敬語を使っていたというのはご存知でしょうか。当時を忠実に再現したドラマではそうなっているので、気を付けてみてください。

男女対等、というよりも女性優位になるのは、バブル期以降です。「金曜日の妻たち」という、不倫礼賛ドラマが大流行しましたが、そこから後は皆さんがご存じの通りです。

このようにして、「夫婦は仲良くしてはいけません。じゃんじゃん、浮気しましょう」という世の中になってしまいました。

四章 こうして「他人を信じられない」世の中になった

四、友だちはお互いに信じあって付き合いましょう。

←

四、友だちを信じて付き合ってはいけません。
人を見たら泥棒と思いましょう。

◆国際化による地域社会の変貌の一例

私の親友で東京都議会議員の吉住健一君は初めての選挙は新宿区議会議員でしたが、その時の公約が「多国籍の都市として対応できる街づくり」でした。ずいぶんと勇気がある公約だなと思いましたが、新宿区には、百か国くらいから人が来ているそうですが、この公約に過剰に反応して抗議をしてきたのは特定一か国の出身者だけだったそうです。

私も、扶桑社から『嘘だらけの日米近現代史』を上梓した後、『日中』『日韓』とシリーズを出しましたが、脅迫が来たのは特定の一冊でした。日本人は根性がなくて気が弱いから、脅せば何でも言うことを聞くだろうとなめているのでしょう。

吉住君は下町の大久保の生まれ育ちなのですが、昔は地元の人は誰も家の鍵をかけずに外出していたのに、それがいつのまにか厳重に戸締りをするようになったということです。こうした地域社会の変貌が、政治の道を志すきっかけだったとのことです。

昭和末期から「国際化」が進んで、日本社会が大きく変貌しました。戦後もかなりの時期まで、あるいは地域によっては今でも、家の鍵をかけないで外に出ている時に雨が降ったら、近所の人が洗濯物を取り込んでくれたなどという話は珍しくありません。地域住民がみんな知り合いなので、よそ者が来たら町中の人がジロジロと見るなどという習慣があるので、防犯上も好都合ということもあります。

ただし、こういう前近代的な社会ではプライバシーなんてものは無いにひとしいですが。

◆天皇陛下のセキュリティを考える

話は変わりますが、日本で対テロ防備が一番できている建物と言えば、間違いなく皇居でしょう。堀を埋めて縮小したとはいえ、そもそも巨大軍事要塞ですから。皇宮警察の武装がどんなものか知りませんが、自動小銃を持った衛兵が二百人もいれば、あそこにテロを仕掛けようとは思わないでしょう。

よく、「天皇陛下は日本文化の象徴である。だから、京都にお戻りいただきたい」という意見をよく聞きます。しかし、スパイ天国と言われるくらい怪しげな外国人がウヨウヨし、もしかしたらその中にはテロリストもいるかもしれないのに京都御所にお戻りいただくのはいかがでしょうか。

京都御所の防御は、壁一枚です。戦国時代、御所は荒れ果てて、壁が崩れていたので庶民は中の様子を窺うことができたと伝わっています。それでも皇室を尊崇する京都の人々は、御所を荒らすこともなく、戦国の百年を乗り切ったということが自慢のようです。この、皇室と民の絆こそが日本文化であり、ぜひとも陛下には京都にお戻りいただきたい、軍事要塞の江戸城は血を好まない皇室にはふさわしくない、という意見です。

しかし、テロリストどころか、子供でも本気になれば乗り越えられます。いくら警察が護衛をしているからと、忍び込むなど簡単です。大体、皇室と国民の絆と言っても、敵国のテロリストにそれが通じるのかという話です。

別に、外国人全員を危険視とか差別したいとかではありません。日本人だって怪しいのですから。

明治の帝国憲法にも教育勅語にも、「天皇制を廃止してはならない」とは書いていません。そんなことを考える日本人は一人もいなかったからです。より正確に言えば、一定の勢力を持ちませんでした。

明治四十四年（一九一一年）、幸徳秋水とその徒党が明治天皇を暗殺しようとした「大逆事件」が起きました。これが一定の勢力としてはじめてでしょう。何の理由か、幸徳はその生涯を通じて皇室を呪いつづけたのですが、そういう変質者的な人間が登場したことに、明治政府は動揺します。幸徳は共産主義という思想を信じていたから、天皇暗殺などという大それたことを考え付いたのです。

大正十一年（一九二二年）、日本共産党が結成されます。共産党とは、共産主義という思想を信奉する人々の集まりです。共産主義は、一時は地球の半分で影響力を誇りましたし、日本では今でも学会で強い支配力を持っているので、一度は聞いたことがある言葉でしょう。

この人たちがはじめて本格的に「天皇制を廃止してやろう」と言い出したのです。

外国の宮殿やお城を見ればよくわかりますが、たいていは要塞です。都市ごと巨大な壁で囲ってしまう例も枚挙にいとまがありません。なぜ壁を作るかと言うと、一つは外敵の侵入を防ぐためで、もう一つは内部の住民を囲い込んで支配するためです。それもただの壁ではなく、何重にも守りを固めた防御用の壁です。

それに引き替え、京都御所からしてまともな防備を持っていない日本、鍵をかけないで外出できた国、は過去の話かもしれません。まだまだ女性が夜中に一人歩きできる国ではありますが、それもいつまで続くかです。治安の良さというのは、人と人の信頼関係から成り立っていますから。

◆「共同体」として高度成長期を駆け抜けた日本人

敗戦後の日本は、焼け野原から十年で復興を成し遂げ、さらに十年でオリンピックを開催するまでの経済大国になりました。

奇跡の高度経済成長を支えたのは、日本人の勤勉さです。この頃は「会社共同体」という言葉さえ生まれました。

本来、会社は給料をもらって働くという、お金を介在とした組織です。機能集団であって、イヤになればやめることができます。家族や親戚のような、血縁集団ではありません。しかし「会社共同体」においては、会ったこともない親戚の法事をすっぽかしても何にも言われませんが、重役の葬式に来ない者など人でなし扱いです。まるで、会社が一つの家族であるかのような感じです。

百田尚樹さんの『海賊と呼ばれた男』で有名になった出光興産創業者の出光佐三店主（と、社員全員から死後の今も呼ばれる）は、「会社は家族だ！」と口癖のように言っていました。「だからウチの会社ではクビはない！」とまで言い切ったのは、出光くらいでしょうが。なお、ある社員が研修の際に「もし僕が交通事故で人を死なせてもクビにならないのでしょうか」と恐る恐る質問したら、「クビはないが、勘当はある」と即答されたそうです。

高度経済成長の「会社共同体」には二つの前提があります。一つは、年功序列です。めったなことでは抜擢人事はやらない。長幼の序、先輩後輩の序列をしっかり守る。同期の中でも突出して出世させる人間はつくらない、ということです。もう一つが、終身雇用です。犯罪でもやらない限り、一生クビにはしない、です。

一生クビにはしないから、多少のことは我慢してくれ。その代わり、頑張ったら会社を辞める時には差が出るから。

サービス残業といって、就業時間の後もただ働きしてでも、会社の業績を上げれば自分の給料が上がる。そういう時代でした。だから、誰も文句を言わず働きました。「モーレツ社員」が流行語でした。

実力主義で抜擢・降格・クビが当たり前の外資系が「株式会社ノブナガカンパニー」だとすると、高度経済成長期の会社共同体は「三河武士団」のようなものでしょう。三河武士団は常に強敵と戦い、苦しい状況を乗り越えてきましたから、裏切りが日常の戦国時代で、最後は徳川家康が天下をとりました。常に仲間との結束を保てないと生き残れないからこそ、三河武士団はまるで血縁がある共同体のように固く結びついたのです。みんなが頑張るから、年功序列で出世させても結果は実力主義と同じになったのです。

我が国は伝統的に農業人口九割のムラ社会であると言われますが、農作業で大事なのは傑出したリーダーシップではなく、協調性です。日本が最初に「和」の国を名乗ったのも、理由があります。

◆そして日本人の心が荒んでいった

それが、バブルが崩壊し、会社は終身雇用だの言っていられなくなりました。逆に「リストラ」という言葉が流行になりました。一九九〇年代は「失われた十年」と言われ、日本人がバブル崩壊に五年くらい経ってから気づいたものの、何も対策をできなかったという時期です。さらにそこからデフレに突入し、「失われた二十年」になりました。

デフレが続くと、イノベーションが起きなくなります。頑張っても会社の業績は上がりませんし、給料も増えません。目立つことをすればリストラされてしまう。誰も冒険しなくなるし、リストラが怖くて嫌な人間関係に耐えるばかり。それでも会社に入れて正社員になれればよい方で、二十年働いて正社員より仕事ができるのに派遣やバイトのまま。

これで世の中が荒まなかったら、たいしたものです。

それにしても、今や物騒な世の中になったものです。

このようにして「友だちを信じて付き合ってはいけません。人を見たら泥棒と思いましょう」という世の中になってしまいました。

五章
こうして「嘘でも何でも言った者勝ち」の世の中になった

五、自分の言動を慎みましょう。

五、自分の言動を慎しんではいけません。 ←
嘘でも何でも言った者勝ちです。

◆慎み深い日本人

『世界の日本人ジョーク集』に小話が載っていました。

国際会議の議長はいつも二つのことに悩む。一つは、インド人をいかに黙らせるか。もう一つは、日本人をいかにしゃべらせるか。

日本人は外国に行くと特に遠慮がちになります。国際社会は自己主張のぶつかり合う場所ですから、日本人のように「黙って眼を見ればわかる」は通用しません。その眼の色が違うことも多いのですから。外国帰りの人や、外国人を相手にばかりしている仕事の人は、やたらと押しが強くなる傾向があるようです。

確かに、日本人は常に慎み深くふるまうのが常です。

我が国が国際社会へ飛び出していったのは、幕末です。ちょん髷を結い、日本の刀を差して歩く日本人は奇異に見られました。しかし、外国でのマナーを知らないものの、礼儀正しく慎み深い日本人は、非常に尊敬されました。外国のマナーを知らないのは当たり前ですから、日本流の礼儀作法で通したのです。それでよかったのです。

今でもイスラム教国の人々は、「マナーなどキリスト教徒たちが作ったんだろ。勝手に押し付けるな」とばかりの態度をとりますが、国際社会はこうした自己主張のぶつかり合いの場でもあるのです。

明治六年、岩倉具視を長とする使節団が欧米に派遣されました。お公家さん出身ですが開明派にも理解を示した岩倉は、ちょん髷を切り、西洋の正装のモーニングに変えます。横浜で記念写真を撮った時は、一人だけちょん髷に着物でしたが、革靴を履き、シルクハットを手にしています。しかし、シカゴで断髪し、西洋と対等の国なのだと示そうとしました。

当時の政府は、何とか西洋諸国に文明国だと認めさせようと、今となっては可笑しくも涙ぐましい努力をしていたのです。では結果はどうなったか。西洋諸国が日本を対等の文明国だと認めるのに、ここから四十年かかりました。

◆「特権養成機関」となった帝国大学

明治初年以降、新政府は留学生を次々と欧米に送り込みました。西洋の優れた文物を習うためです。しかし、数年いたところで、遊んできたのと同じです。留学生が、本当にその学問を身に着けようと思ったら、十年かけてようやく「自分が何をやりたいか」が見つかる、というものです。

この時の留学生が、大挙して大学教授になります。政府は、東京帝国大学以下、七帝大を創設します。帝大で優秀とされた学生は、外国語の翻訳が上手い若者でした。先進国に追い付け追い越せの時代ですから、何でもよいので外国の最先端の文物を翻訳輸入できる人材が欲しかったのです。途上国特有の現象でした。

しかし、江戸時代の知識人は情報が少ないからこそ必死になって自分の頭で考えたのに対し、明治時代の大学教授たちは政府のお金で留学し、実際に西洋の文物に触れることができるので、「向こうデハ、こういうことが言われています」で済ませます。これを「デワの守」と言いました。また、翻訳することが学問とされるのですが、こういうのを「ヨコのものをタテにする」と言いました。西洋の横文字の文献を、日本語で縦書きにしているだけで、新しいものを何も生み出さないじゃないか、という訳です。

結局、自分の頭でモノを考えた学問をしていないですし、国を背負って外国に留学させてもらいに行って何も身にならなかったからこそ、誤魔化すために自分を権威づけなければならなかったのです。

その集大成が東京帝国大学法学部です。最初、東大法学生は無試験で高級官僚になれました。その後、官僚になるための試験制度が導入されましたが、「なぜ授業と同じ問題をわざわざ受け直さなければならないのか」と教授が先陣を切って反対運動をする始末です。結果、今に至るまで官僚機構の中枢は東大法学部出身者が独占しています。

恐るべき特権です。慎み深さの正反対です。

東大が官僚養成の専門学校に徹するならば、まだいい。フランスは日本以上の学歴社会です。フランスの官僚は、ＥＮＡ（国立行政学院）での試験の順番で生涯の出世が決まります。ＥＮＡは大学院博士課程に当たりますが、やっていることは専門学校そのものです。フランスは、学問を学ぶ大学と技術を学ぶ専門学校を分けています。大学が専門学校より上といった意味不明なランク主義はないのです。

ところが我が国では、明治から東大を頂点とするランク主義ができあがっていきました。そして、西洋かぶれの教授たちが間違ったエリート意識で自分たちの特権を強化していきました。

岩倉使節団、あるいは西洋かぶれの象徴のような鹿鳴館は、西洋諸国に笑いものにこそされ、対等の関係を築くのに何の役にも立ちませんでした。本当に日本を認めさせたのは、日清日露戦争の勝利です。その過程で、陸奥宗光や小村寿太郎のような外務大臣は、世界の大国を相手に一歩も引かずに交渉し、尊敬を勝ち取りました。

この頃の日本を「滅びるね」と予言したのが、文豪の夏目漱石です。漱石は自身が東大出のインテリであったがゆえに、西洋化で軽佻浮薄になった祖国に危機感を抱いていたのです。日清戦争に勝ちにいくぞと国が沸き返っている時に、国が焦土と化す姿が見えていたのですから、気が狂いそうになったでしょう。

◆慎みなくしても国際社会では負けっ放し

昭和期、日本は外国とのコミュニケーションに失敗して、国を滅ぼしてしまいました。日本と対立した中国は、嘘でもプロパガンダでも何でも信じ込ませれば勝ち、という彼ら流のリアリズムを徹底させました。

日中の間を仲介しようとした国がイギリスだったのですが、日本はことあるごとにイギリスにイラつきながらも押し黙り、ある日突然、宣戦布告をしました。イギリスとしたら、「そんなに我慢できないなら、なぜもっと早く訴えてくれなかったんだ」です。

イギリスは駆け引きのつもりだったのが、日本がニコニコしているので「もっと駆け引きを仕掛けて大丈夫だろう」と思っていたら、いきなり戦争を仕掛けられた、という心境だったのです。日英のお互いにとって悲劇でした。

よく日本人は、自己主張しないでニコニコ笑っているので、「これくらいはいいだろう」「これくらいでもいいだろう」と条件を上乗せしていったら、いきなり切れる民族と評されることがあります。だから、早めに自己主張しろ、という文脈です。

むしろ、「日本人はいつもニコニコしていておとなしいが、本気で怒ったら世界で一番怖いぞ」と思わせていないのが失敗なのではないでしょうか。

世界が自己主張の場なのだから、と相手のやり方に合わせる必要はありません。大体、国際社会なる代物からして、一番強い国が自分のルールを押し付ける場なのですから。日本人はペラペラとおしゃべりをするような民族ではありません。「鶴の一声」という言葉がありますが、重みのある言葉を尊ぶ民族です。

嘘でもプロパガンダでも、何でもペラペラと、百回言えばホントになる式のおしゃべりは似つかわしくない民族です。

ましてや、「これからはグローバル化の時代だから、国際標準に合わせ、自己主張できる人材になろう。すべては自己責任だ」などという風潮が流行っていますが、では言いたいことを言えない性格の人はどうすれば良いのでしょうか。

このようにして「自分の言動を慎しんではいけません。嘘でも何でも言った者勝ちです」という世の中になってしまいました。

ただし、国際社会では負けっぱなしですが。

六章 こうして「他人のことなどお構いなし」の世の中になった

逆にしたらよくわかる教育勅語

六、広く全ての人に愛の手をさしのべましょう。

←

六、広く全ての人に愛の手をさしのべてはいけません。
我が身が第一です。

◆マルクスとシュティルナー

少し、思い出話をします。

大学を卒業した二十三歳、同級生のほとんどが社会に出て就職した年に、私は大学院に〝入院〟しました。その頃は、〝入学〟だと思っていたのですが、世間知らずだったのです。

学問を学びたい、と思ったのはよいものの、何をどうすれば実はよくわかっていなかったのです。私の母校の大学院は自分の専門の科目は必須ですが、修士課程の一年生は「教養科目」を履修しなければいけませんでした。

文学部史学科国史学専攻（在学中に、「日本史学専攻」と名前が変わってしまった）で、近現代史が専門ですから、同級生はたいてい法学部の政治史の先生の授業を採っていました。しかし私は、「岩倉使節団が実は何人か」とか、「民衆の視点からの政党政治」とか、そういう授業に近づきたくなかったので、国際法と哲学の単位を採りました。

哲学は大当たりでした。教えていただいたのは村井久二先生という方で、オーギュスト・コントとカール・マルクスを比較研究し、それぞれに批判的だったので、コント学会とマルクス学会の両方からハブられていたという噂の先生でした（真相は知りません）。ちなみに批判的と言うのは、ちゃんと研究していたという意味です。だいたい、「何とか学会」は古典を宗教の聖典のように崇拝し、ひたすらその解釈を繰り返すだけという人が多いので、「比較」というだけでも嫌われるのに、それを「批判」などしたら魔女狩りか、異端審問か、いじめの対象、という世界なのです。

その頃、『ソフィーの世界』が大ベストセラーになったりと哲学ブームだったこともあり、且つ大学時代の仲間たちの間で日常的に哲学論争の真似事をしていたので、なんとなくファッション的に、「哲学の授業を受けておかねば」みたいな気持ちで村井教授の研究室を訪ねたら、半年間一対一でヘーゲルの『歴史哲学講義』を読む、という個人授業を受ける幸運に恵まれました。

一冊を読むと言っても、その一冊を読み込むためには関連書籍も読んでいくのですが、その時に紹介されたのが、マックス・シュティルナーです。シュティルナーは利己主義を説き、「殺人強盗のすゝめ」みたいなことばかり言っていました。ニヒリスト、アナーキストのハシリみたいなものです。人間、自分勝手に生きればよいのだ、と露骨な本音を言っていた十九世紀の哲学者で、彼の著書はその後、世界五十か国くらいで翻訳されています。

ずいぶんと露骨なことを言う人がいるものだな、と思ったものですが、村井教授が紹介してくれた理由は、なぜマルクスが世界で受け入れられたのかの説明という文脈でした。

マルクスもシュティルナーも、ヘーゲル学派に属していました。シュティルナーは観念論で暴走するのに対し、マルクスは「利己主義で殺人強盗などやりたい放題やるのが正しいなら、なぜそれを本に書いて他人に教えたりするのだ。全然、利己主義ではない。矛盾している。本当にみんなが利己主義で殺人強盗が正しいなら、自分で黙ってやればよいのではないか。そういう非常識なことを言うものではない」と常識を説いていたのです。

マルクスは、自分のことはいざ知らず、他人に突っ込みを入れるときは非常に鋭いのです。だから、彼の話を最後までよく聞かないと、マルクス主義者になってしまう人が多くなるのです。

そのマルクスも結局、観念論で暴走したヘーゲル学派に対し、唯物論といって、「世の中で信じられるのは物質だけだ。あとは全部偽物だ。特に宗教なんてのは、麻薬だ」と暴走してしまうのですが。

世の中、ほどほどが一番ということです。

ちなみに、私が大学院在籍当時は、評論家の宮台真司氏が一世を風靡していた頃でした。宮台氏は「フィールドワークで援助交際を研究する」などと、テレクラ（テレフォンクラブといって、いやらしいことを考えている男女が出会いを求めて集まる場所）で女子高生や人妻をひっかけては、その体験談を本にしたりテレビに出たりして金儲けしていた評論家です。

私は、宮台氏の「広く愛をいびつな形でさしのべる」不道徳な生き方に憤りを感じて授業中に何かの拍子で話題にしたのですが、村井教授はそんなのは大昔からいるとシュティルナーを紹介してくれたのです。人間の考えることなど、あまり進歩がないものです。

ちなみに、宮台氏は良家の箱入りお嬢様とご結婚なされたそうです。

◆勝手気ままに生きたら人間はどうなる？

個人主義と利己主義の違いは、明治から既に問題視されていました。

本来の個人主義はキリスト教（特にプロテスタント）特有の考えで、個々人が直接ＧＯＤと向き合うという意味です。フランシスコ・ザビエルが布教に来てから、日本人の中でキリスト教徒が一％を超えたことはありません。どうしても性に合わないのでしょう。唯一の神であるＧＯＤに恥じぬ生き方を、他の何人も恐れぬ、という考え方はどうも苦手のようです。

人間、自由と勝手の線引きは、なかなか難しいものです。ジャン・ジャック・ルソーという勝手気ままな生き方をした思想家がいます。次から次へと私生児を作っては、片っ端から孤児院に放り込むというような人です。

そんなルソーですら、たまにはマトモなことを言います。「完全な自由は最も不完全な自由である。なぜならば、他人の自由を奪う自由もあるからだ」です。原理的にその通りです。

まさにシュティルナーの「殺人強盗のすゝめ」などのような、人間を完全に自由な存在にしようという主張です。

ルソーの思想は世界史に大きな影響力を持ちました。ルソーの代表作は『エミール』ですが、勝手気ままに生きたら人間はどうなるか、という見本のような話です。ルソーの思想の通りにマクシミリアン・ド・ロベスピエールがフランス革命を起こします。ロベスピエールと言えば少しでも意見が異なる人をギロチンで殺しまくった恐怖政治の代名詞とも言える人ですが、まさに『エミール』の人物像そのものです。ロベスピエール自身は清廉潔白で理性的な人なのですが、その理性ゆえに暴走したのです。

◆「金八先生」の功罪

日本版『エミール』と言えば、昭和五十年代後半に大人気だったテレビ番組の「3年B組金八先生」でしょう。この頃は、全国の学校で校内暴力が吹き荒れ、卒業式に警察を呼んで先生を警備するなど、珍しくもない光景でした。受験戦争と言われる知識偏重の詰め込み教育が問題視され、受験勉強を苦にして子供が親を金属バットで殴り殺す事件が話題になった頃です。

こういった教育問題を正面から取り上げ、「金八先生」は大人気番組となりました。しかし、「十五歳で妊娠した中学生に出産させる」「他の生徒全員を放り出し、少年院から出てきた問題児だけにかまう」「先生が不良と一緒に学ランを着て練り歩く」など、主人公の熱血先生を真似た教師たちは全国で馬鹿にされるという事象が発生しました。

当たり前です。

ちなみに私は大学で小中高校の教師になりたい学生を指導しているのですが、ケーススタディーとして問題を出すことがあります。

「自分の担当しているクラスでいじめが発生した。どのように対処するか」

この問題に正解などありませんが、不正解は無数にあります。特に、教師が誰の気持ちになるか、は重要なポイントです。

よくある解答が、「いじめられっ子の気持ち」「いじめっ子の気持ち」、はたまた「大多数の傍観者の気持ち」、いずれも不正解です。大体、自分が生徒だった時の気持ちになって答える学生が多いのですが、教師が子供の気持ちになって感情移入してどうするのか。

通常、小中高では教師は数十人の生徒のクラスを担任します。子供の気持ちをわかりつつ、クラスを俯瞰した視点で全員に配慮しつつ、大人の常識を教えていくのが役割です。それを子供と同じレベルになって熱血教師を気取られても困ります。

他人を愛することと、害することは裏表の関係なのです。

といっても、大人の責任を放棄して、他人に無関心になっても困るのですが。マザー・テレサは、「愛情の反対は憎悪ではない。無関心だ」と喝破しました。大人は中庸（バランスのとれた状態）であろうとするものですが、自己愛が強すぎても、押し付けの愛が強すぎても困るのです。

こうして、「広く全ての人に愛の手をさしのべてはいけません。わが身が第一です」という世の中になってしまいました。

七章 こうして「働いたら負け」の世の中になった

七、勉学に励み職業を身につけましょう。

←

七、職業を身につけてはいけません。
いざとなれば生活保護があります。

◆生存権は生活保護が前提？

ある子供が、学校で「将来の希望は？」と聞かれて元気よく答えたそうです。

「生活保護！」

年金よりも生活保護の支給額の方が多いのですから、不公平感はたまるでしょう。片一方でヤクザがベンツに乗って生活保護費をもらいに来ながら、もう片一方では「最後におにぎりを食べたかった」と言い残して餓死する人がいる。制度を悪用する方が悪なのか、制度を活用しない人が問題なのか。

日本人には、働かないでお金をもらうのを嫌がる傾向があります。両親が偽装離婚した上で同居し、月額四十万円ほどの生活保護費を受給しながら一家四人で遊んで暮らす。これでマトモに子供が育つと考える方がおかしいでしょう。

もちろん、本当に必要な人はいますが、デフレ下で「働いたら負け！」という風潮が浸透してしまいました。ずいぶんと日本人も変わったものです。

生活保護の根拠は日本国憲法です。二十五条で「生存権」が絶叫されています。

《日本国憲法　第二十五条》

すべて国民は、健康で文化的な最低限度の生活を営む権利を有する。

国は、すべての生活部面について、社会福祉、社会保障及び公衆衛生の向上及び増進に努めなければならない。


生存権というと「生き残る権利」のように誤解を招く言葉ですが、「人間らしく生活する権利」のことです。戦前の日本では「生活権」とも言いました。こちらの方が実態に近い言葉だと思います。

人間は人間らしい生活ができて初めて、人間としての権利が尊重されたと言えるのだ、という思想で導き出された概念です。
これ、実はドイツのワイマール憲法のパクリです。

《ワイマール憲法　第一五一条》

経済生活の秩序は、すべての者に人間たるに値する生活を保障する目的を持つ正義の原則に適合しなければならない。この限界内で、個人の経済的自由は確保されなければならない

ワイマール憲法は、第一次大戦にドイツが敗れた後の一九一九年に制定されました。当時のドイツは占領こそされませんでしたが、戦勝国の言いなりになるしかありませんでした。二つの世界大戦は総力戦でしたが、その特徴は戦勝国が敗戦国の憲法を好き勝手に変え、政治体制や社会そのものをいじり倒したことです。そして、憲法ではやたらと理想主義的な条文が並ぶのも特徴的でした。日本国憲法もワイマール憲法も同じです。

すべての人が人間らしく暮らせるように、働けない人には生活保護を国家として行うべきだ。国家を率いる政府には、その義務がある。言うのは勝手です。

しかし、第一次大戦後のドイツはハイパーインフレと言われる状態で、パン一個買うのに一兆マルクとか、異常な状態です。リュックサックいっぱいにお札をしょって、やっとパン一斤を買えるという、経済そのものが崩壊した状態です。当時の写真を見ると、子供が積み木の代わりにお札で遊んでいます。壁がはがれると普通の紙だと勿体ないので、お札を使うという有様です。

ワイマール憲法は世界で最も民主的な憲法と言われるのですが、そこに書かれた理想を実現するなど、当時の敗戦ドイツには不可能でした。では憲法の条文をどう解釈すべきなのか。ドイツの憲法学者は「この規定は、プログラム規定だ」と解釈しました。

プログラムとは、綱領のことです。「綱領規定」と言われても訳が分からないでしょうが、要するに「努力目標」のことです。なんなら、「標語」と言っても良いでしょう。言い換えれば、守らなくても良い法律の条文になります。

一国の最高法規で「努力目標」「標語」を掲げ、「これは単なる理想だから守らなくてよいよ」と言い切ってしまったのです。ワイマール共和国は、憲法で掲げた綺麗ごとを何一つ実現せず、最後はナチスの独裁に至りました。

◆道徳がなければ憲法の運用も出来ない

日本国憲法は、ワイマール憲法の条文を参考にしながら、その条文の理想が単なる「標語」に終わった反省を込めて制定されました。しかし、二十五条二項をよ～く読んでください。「努めなければならない」と書いてあります。では、日本国憲法の運用はどうだったか。

敗戦後の日本は、ワイマール共和国ほどではありませんが、最大物価上昇率五十九％の悪性インフレでした。憲法の理想など実現できるはずがありません。では、「もはや戦後ではない」と言い出し、高度経済成長期が到来するとどうなったでしょうか。

結核で働けないからと訴えた老人に、「お前には生き別れになった兄がいるだろ。探し出して仕送りでもしてもらえ。話はそれからだ」と門前払いする。障害者手当を受け取っていた盲目の女性が旦那さんに先立たれて三人の子供を育てられないのに、児童福祉手当を法の不備で受け取れず、「今は政府が行財政改革を進めている時だ。そんな支出を増やすような判決を出せるか（大蔵省主計局に喧嘩を売るような判決なんか怖くて出せない）」と、最高裁に泣き寝入りをさせられる。一人暮らしの老女が、「お前はクーラーみたいなぜいたく品を使っているから、取り外さないと生活保護をやらない」と言われ、泣く泣く取り外したら熱射病で死にそうになった。たまたまマスコミが取り上げてくれたので、何とか助かった。マスコミの批判を恐れた役所が、「国民の七割が持っているものはぜいたく品じゃない」という基準を打ち出したので、生活保護を受けている人が携帯電話を二台持っても構わない。

なんとバカバカしい世の中になったのでしょうか。

昔だったら、「常識で考えろ」ですむ話が、道徳という基準がないので、何が常識なのか、日本人全体に通用する基準がないのです。

生活保護の在り方に関しては、いろいろな議論があります。もし、教育勅語が健在なら、議論の基礎は、「明治帝が、国民は職業を身につけろとおっしゃっている。職業支援の形で行うべきだし、どうしても働けない人にも、現物支給の形で行うべきだ」となるでしょう。

もちろん、教育勅語があったからと、生活保護費をパチンコに使う人は消えないでしょうが、少なくとも議論の基礎になります。

今や生活保護費が三・五兆円、そのうち不正受給が一七三億円との調査があります。平成十四年から二十三年にかけて、支給額が一・七倍、不正受給額が四・三倍に膨れ上がっています（平成二十六年八月一日「総務省実態調査」）。

消費税一％分の税収が二兆円と言われていますから、国家財政をどれだけ圧迫しているかがわかります。地方自治体によっては、支出の二〜四割を生活保護に充てています。

こうして、「職業を身につけてはいけません。いざとなれば生活保護がありますす」という世の中になりました。

八章

こうして「ゆとり教育」の負の遺産だけが残った

八、知識を養い才能を伸ばしましょう。

←

八、知識を養い才能を伸ばしてはいけません。

大事なのはゆとりです。

◆教育先進国だった日本

明治政府は義務教育制度を導入し、全国に普及させました。確かに江戸時代は文盲率が低く、識字率世界一を誇りました。世界一の大帝国となったイギリスでも教育の普及は遅く、王妃のネル・グウィンなどは自分のイニシャルのNとGの二文字しか書けなかったなどという話も残っています。十七世紀も後半の事です。

一方、江戸時代の日本で文盲と言えば、漢字の読み書きができないことです。ひらがなカタカナに限れば、識字率はほぼ百%でした。

江戸の寺子屋は、読み書き算盤を普及させた、世界で最も優れた制度と言ってよいでしょう。しかし、地方分権の江戸時代、「国家」を意識することはありません。勉強ができる武士の子供は藩校に上がりました。官学の昌平坂学問所はありましたが、別に変なランク主義はありません。実力がある学者は評判になり、尊敬される。ただそれだけです。

江戸時代、特に八代将軍徳川吉宗の時代からは学問が急速に盛んになり、全国で私塾が流行ります。別に塾で勉強したからと、何か利益があるわけではありません。ただ、勉強の好きな人が集まり、学ぶ「無礼講」が全国に広がりました。

講とは、サークル、同好の士の集まりのことです。無礼とは、身分の上下関係なく、という意味です。歌やお茶やお花など、趣味や習い事の集まりのように、みんなで勉強しようという集まりが塾だったのです。この私塾こそが、幕末維新の動乱を乗り切った原動力でした。

徳川吉宗は、漢訳洋書輸入の禁緩和で、事実上は西洋の本を解禁しました。年に一度オランダ船が長崎に来るのですが、全国から最新の洋書を読みたい知識人が殺到します。百年もこんな感じだったので、黒船のことはみんな知っていました。だから、「あれが噂に聞く黒船だったのか」となったのです。黒船を見て、ただ怯えているだけではなかったのです。

明治政府は義務教育制度を導入し、すべての子供に教育を施そうとします。日本人なら、ひらがなカタカナだけではなく、漢字もちゃんと書けるようにしよう、というのが明治の義務教育制度の意義です。

しかし、それ以上に重要なのは、「日本国民になろう」です。日本人の両親から生まれた子供は日本人です。しかし、日本人であることと、日本の「国民」であることとは違います。社会人として仕事を持ち、道徳と法律を守る人間（公民と言い換えても構いません）を育てる。明治政府は、「読み書き算盤愛国心」の初等教育を行いました。この点は、世界史にも残る偉業と言ってよいでしょう。今の日本がなんだかんだと持っているのも、この時代の遺産です。いくら日本人の道徳がなくなったといっても、ワールドカップでブラジルに行けば何を言われなくてもゴミを拾って掃除するのが日本人です。世界でこのような国民がどこにどれだけいるでしょうか。

◆致命的だった高等教育の失敗

ただし、明治の高等教育はあまり褒められたものではありません。江戸の私塾は趣味の延長で、それだけに純粋な向学心と熱狂がありました。明治になると、学問が立身出世の道具になります。確かに、田舎の貧乏人の子供でも、併合以後は朝鮮人でも、勉強ができれば地元のお金持ちが学費を出して上の学校にやってくれました。今の高校と大学教養部（二年生まで）に当たるのが旧制高校ですが、陸軍士官学校や海軍兵学校に行って、大臣や元帥になる道も開かれていました。私学でも、経営者を目指すなら慶応、ジャーナリストを目指すなら早稲田、弁護士を目指すなら中央といった感じで、学校の個性がありました。一橋などは専門学校でしたが、「優秀な会計士になるなら東京商大」と尊敬されていました。慶応は慶応義塾で私塾、早稲田は東京専門学校、中央は英吉利中央法律学校、法政は仏蘭西法律学校と、別に大学の名前はついていませんでした。それだけに東大の「帝国大学」は権威があったのですが、別に東大を頂点としたヒエラルキーが存在したわけではありません。今の偏差値ランキングが富士山型だとすると、あちこちに頂点がある八ヶ岳型の教育制度でした。

それが明治大正と時代を下るに従い、東大の「官学絶対」が浸透していきます。決定的だったのは、一九二〇年の三大学昇格です。東京商大を一橋大学に「格上げ」し、大学が最高学府、専門学校は格下、というランク主義が蔓延しました。大学になれば格が上がり、学生が集まり儲かるのですから、みんな大学になりたがります。

昭和の負けた戦争を指導したのは、東京帝国大学・陸軍大学校・海軍大学校を出たエリートたちです。エリートと言うより、「学歴貴族」と言った方が適切でしょう。

◆あまりにも無惨な戦後教育

戦前の高等教育は見事に失敗しました。

戦後の教育政策はもっと無残です。戦後史全体を見渡しても、文部省のやったことで褒めるところを見つけられません。

GHQは日本の弱体化をめざし、教育の破壊を目論みました。歴史・修身（道徳）・地理は禁止、「日本は良い国だ」と教えている部分は、子供たちに墨で塗りつぶさせました。日本人の教師に命令して。これを墨塗り教科書と言います。

一方、明治以来問題があった大学の方はまるで手を付けず、「日本は悪い国だ。アメリカや占領軍は正義の味方だ」と主張するような学者だけが出世していくようになります。

試験に出ることを丸暗記して、合格したら忘れる、それで社会でのランクが決まる、という学歴社会が、戦前とは比較にならないくらい強くなっていきました。

昭和五十年代後半には、「受験戦争」がピークになります。知識偏重の詰め込み教育の行き過ぎが指摘されるようになりました。この時の批判の問題点は、必要な詰め込みまで否定したことです。小学生が覚える九九は、一生使える大事な知識・技術です。古典を暗唱できることは教養につながります。最低限の知識が入っていないと、考える力は身に着きません。

「自由に考えてみなさい」と言われても、考える材料がなければ、どうしてよいかわかりません。

ところが、全部まとめて「知識偏重は良くない」などと、子供が学校で覚える範囲をどんどん減らしていきました。そのとどのつまりが「ゆとり教育」です。

結果、「ゆとり世代」と言われる世代が出現しました。戦後、「指示待ち族」といって、上司の指示がないと何もできない若者が問題視された時期がありましたが、「ゆとり世代」は指示されても何もできない、手取り足取り教えてやっと何とかなるので上司がヘトヘトになるという現象が珍しくなくなりました。

さすがにゆとり教育はやめようという風に政治主導でなりましたが、これをやめたくらいでどうにかなるものではありません。

また、次から次へと人智の限界を超えた愚かな政策を行うのが、文部省（現文科省）です。

武道必修化のどさくさに紛れて、「ダンスも選択必修」にしてしまいました。ダンスの授業では、ヒップホップを盛り込みました。大昔に体育教師の資格を取ったおじいさんやおばあさんの先生がヒップホップを踊れるのか。

自分たちを二流官庁だと思いあがっている五流官庁の小役人さんたちは、「そうやっておじいさんやおばあさんの先生も、子供たちと一緒に踊れないヒップホップを頑張る姿を見せるのが教育的なのだ」などと、訳の分からないことをつぶやいています。

結局、ヒップホップの単元が来ると、外部講師を招聘しているようですが。

教育をなんだと思っているのでしょうか。

こうして、「知識を養い才能を伸ばしてはいけません。大事なのはゆとりです」という世の中になりました。

九章
こうして「個性のみ重視」で人格を顧みない世の中になった

九、人格の向上につとめましょう。

九、人格の向上につとめてはいけません。 ←
何をしても「個性」と言えば許されます。

◆教育基本法のささやかな抵抗

日本弱体化を目的としたGHQは、教育を徹底的に破壊しようとしました。昔から、「なぜ教育勅語を否定したのか。全然、危険でも何でもない。いいことしか書いていないじゃないか」とぼやく人がいるのですが、だからマッカーサーは教育勅語を否定したのだという視点を持つことが必要です。

占領政策を考えるときの大前提は、マッカーサー以下占領軍は「民主化」の旗印で日本弱体化を推進したということです。

教育勅語に代わったのは、教育基本法です。担当大臣は、田中耕太郎文部大臣です。田中は東大教授から政治家になりました。義父は、憲法改正をめぐりGHQと激しく対立した松本烝治です。松本に代わり憲法担当大臣となった金森徳次郎には「日本国憲法の生みの親」などというあまりうれしくない尊称がありますが、その言に倣えば「教育基本法の生みの親」は田中です。

田中は義父の松本と同じく、東京帝国大学法学部の超エリートコースを歩みました。まさに「ハイソ」「セレブ」「エスタブリッシュメント」です。東大生が公務員試験で面接に行く際、松本や田中の名刺をもっていくと、必ず合格すると言うほどの権威がもらえました。

名刺には何も書いていないのですが、権威のある教授は「田中耕太郎」「東京帝国大学法学部教授田中耕太郎」「法学博士東京帝国大学教授田中耕太郎」のように三種類を使い分けたと言いますが、長ければ長いほどその学生が優秀であるというのが、試験官である官僚と教授の暗黙の了解だったのです。明治からずっとこんなことを続けていたら、官界が東大法学部だらけになるのは当たり前ですが。

ただし、戦前の官僚には「我々は陛下の官吏である」という自負がありました。東大を首席で卒業すると「恩賜の銀時計」といって、天皇陛下から記念品をいただけるのですが、周囲からたいへん尊敬されるとともに、本人たちも皇室と国家への忠誠心だけは持ち合わせていました。

松本も田中も、そういう階級的特権を行使しながらも、皇室と国家への忠誠心は持ち合わせています。占領軍がやってきて日本をズタズタにしようとしたのに対して、必死で抵抗しました。その証拠に、松本などはどこの憲法学の教科書を開いても、「占領軍の民主化を妨害しようとした」「しょせんは明治憲法しか頭になかった反動主義者」などと罵倒の限りを尽くされています。

松本はGHQと真正面からぶつかって追放されましたので、田中はアメリカと協調しようとしているような姿勢を取りつつ、日本側の主張を残そうと考えたのです。

教育勅語では「徳器を成就し」という「人格の向上」を表す言葉があります

が、教育基本法の「人格の完成」は同じ意味です。

《教育基本法　第一条》

教育は、人格の完成を目指し、平和で民主的な国家及び社会の形成者として必要な資質を備えた心身ともに健康な国民の育成を期して行われなければならない。

「民主的」はアメリカがばら撒き散らす「民主化」に対して、「我々日本人は真の意味での民主主義を拒否しているわけではない」という意味で入れたのですし、他にも日本国憲法の理念を実現するという意図が見え隠れします。

雲をつかむような条文ですが、これは実現しているのでしょうか。評価の下しようがありません。

◆「授業崩壊」は個性重視の結果

これは、絶対に本にもならないだろうし、当事者は言いたがらないことでしょうが、あえて書きます。

一般にはまったく知られていませんが、大学の「授業崩壊」が教員たちの話題になりました。どうしても授業中に静かにできない学生がいるのです。ある年など、私が勤める大学の学部長が年始の教員顔合わせ会で、「授業中におしゃべりをやめられない子供がいますが、先生たちの責任ではありませんので」と言い出したことがあります。

もちろん、多動症のように、病気でどうしても仕方がない子はいます。そういう学生は隔離するなりなんなりの対策を打たねばなりません。他のまじめな学生さんに迷惑ですから。

しかし、小学校一年生で学校に上がるときに、「教室で授業が始まり先生が教壇に立てば静かに話を聞かなければならない」ということを習っていないと悲劇です。その子は一生、社会で真人間として生きていけないでしょう。

エジソンやアインシュタインの子供時代を持ち出して、「個性は大事なんだ。子供の自由にさせた方が才能を伸ばせることもあるんだ」などと訳の分からないことを言い出す半可通の教育評論家がいます。では、エジソンやアインシュタインのような大天才が人類史で何人いたのか。そんな、超例外を持ち出して一般化しても、教育になるはずがありません。そういう生意気な屁理屈を言った人が、エジソンやアインシュタインのような大天才を育てた例があるのか。

本当に子供の個性を伸ばしたいなら、大人が秩序と規律を教えなければダメです。そうした殻を打ち破れるからこそ、本物の天才なのですから。

昔、おそらく昭和二十年代後半の話です。とある名門大学の授業で、ある学生が遅刻してきたくせに、授業が終わっていないのに教室を勝手に出ていこうとしました。すると普段は温厚な教授が、「出たり入ったり、鳩山のようなことをするな！」と一喝すると、その学生は自分の非を悟り、おとなしく授業を受けるようになったそうです。

鳩山と言うのは、吉田茂に対して権力闘争を挑み、脱党して新党を作ってはを金がなくなると与党に戻る、を繰り返していた、鳩山一郎のことです。不良を気取り、「遅刻早退が俺の個性だ」と勘違いしていた学生も、「鳩山」と罵倒語を吐かれては、そんなものは個性でも何でもないと理解するだけの人格はあったのです。

今の大学生に、「鳩山由紀夫のような真似をするな」と言っても、「なんで?」と返されて終わりでしょう。ただし、東日本大震災の記憶が強いのか、「お前は菅直人か」と罵倒した時だけは、「先生、そこまでひどいことはしていないと思います」とブツブツ文句を言われたことがあります。

こうして、「人格の向上につとめてはいけません。何をしても「個性」と言えば許されます」という世の中になりました。

十章
こうして「世のため人のため」は死語になった

逆にしたらよくわかる教育勅語

十、広く世の人々や社会のためになる仕事に励みましょう。

↓

十、社会のためになる仕事に励んではいけません。

自分さえ良ければ良いのです。

「愛国心」を持ってはいけない？

第一次安倍内閣が改正した、平成十八年の改正教育基本法をあげてみます。「右翼だ」「極右だ」「軍国主義の復活だ」「戦前の教育勅語の復活だ」と騒がれた法律です。

《教育基本法　第一条》

教育は、人格の完成を目指し、平和で民主的な国家及び社会の形成者として必要な資質を備えた心身ともに健康な国民の育成を期して行われなければならない。

《同　第二条》

教育は、その目的を実現するため、学問の自由を尊重しつつ、次に掲

げる目標を達成するよう行われるものとする。

一　幅広い知識と教養を身に付け、真理を求める態度を養い、豊かな情操と道徳心を培うとともに、健やかな身体を養うこと。

二　個人の価値を尊重して、その能力を伸ばし、創造性を培い、自主及び自律の精神を養うとともに、職業及び生活との関連を重視し、勤労を重んずる態度を養うこと。

三　正義と責任、男女の平等、自他の敬愛と協力を重んずるとともに、公共の精神に基づき、主体的に社会の形成に参画し、その発展に寄与する態度を養うこと。

四　生命を尊び、自然を大切にし、環境の保全に寄与する態度を養うこと。

五　伝統と文化を尊重し、それらをはぐくんできた我が国と郷土を愛す

るとともに、他国を尊重し、国際社会の平和と発展に寄与する態度を養うこと。

相変わらず、雲をつかむような条文です。目的と目標を規定した部分なので構いませんが。

田中文相の思いを込めた「人格の完成」は残っていますし、「幅広い知識と教養を身に付け」「勤労を重んずる」「公共の精神」は教育勅語を思わせます。「男女の平等」「正義と責任」も教育勅語の現代風の言い換えと言ってよいでしょう。

また、「伝統と文化を尊重し、それらをはぐくんできた我が国と郷土を愛する」は保守色の強い安倍晋三首相らしい表現でしょう。

また、「他国を尊重し、国際社会の平和と発展に寄与」は、明治の西園寺公望首相が、「教育勅語は国際性や世界の中の日本と言う面が欠けている」と、第二教育勅語を準備したという故事を踏まえていると思われます。

明治の教育勅語と日本国憲法の理念の、良いとこ取りとも言えますし、妥協の産物とも言えますし、とりたてて批判する改正を行ったとも思えません。

では、法改正をした安倍内閣はどうなったしょうか。産経新聞以外のすべてのマスコミを敵に回し、猛烈なバッシングの末に選挙で敗北し、退陣に追い込まれました。

なぜでしょうか。

それは「国家」を強調した上で、「伝統と文化を尊重し、それらをはぐくんできた我が国と郷土を愛する」などと、愛国心を強調したからです。

第一次安倍内閣は、「戦後レジームからの脱却」を堂々と主張し、憲法改正のための国民投票法を制定し、本気で日本国憲法の改正を考えていました。安倍内閣への批判勢力は、「戦前の国家主義、軍国主義への回帰だ」などと猛烈に批判しました。

ちなみに、教育勅語には「愛国心」とは出てこないですし、既に見てきたように学級標語のような誰もが否定できないような内容が並んでいるだけです。しかし、批判勢力はそんなことはお構いなしです。とにかく、「国家」「伝統」「文化」を言っているのだから、「安倍は右翼だ！　危険だ！」の一点張りでした。

少しマシな批判は、「教育勅語は天皇が国民に語りかけただけの行為規範にすぎない。法律は裁判規範であるにも関わらず、改正教育基本法では曖昧な内容が多い」です。

その人が正しいかどうかを判断する際、その人が何を言っているかではなく、何を言っていないかに注目しなければならない時があります。

そういう論者は、日本国憲法の、特に第三章の「人権カタログ」の曖昧さとでたらめな運用を同じ論法で批判したのでしょうか。せめて、『誰が殺した？

日本国憲法！』（講談社、平成二十二年）、『間違いだらけの憲法改正論議』（イーストプレス、平成二十四年）、『本当は怖ろしい日本国憲法』（ビジネス社、平成二十四年）、『帝国憲法の真実』（扶桑社、平成二十五年）に書かれてあるような批判はしているのでしょう。

◆なぜ働きたくても働けない世の中になったのか

閑話休題。

弁護士法の第一条にはこの法律の目的を「社会正義の実現」と書いてあります。こちらはどうなのでしょうか。

ただ、道徳を法律で定めてどうするのか、法律による命令で国民に愛国心を持たせようとするのはどうなのか、という点は考えねばならないと思います。

本書を通じて、「教育勅語を復活させよう」と主張する人にも分かってもらいたいことがあります。それは、道徳を国家として打ち立てていないと社会が成り立たないということ、それをわかったうえで法律は無力であること、の二つです。

たとえば、今の時代に天皇の御名で教育勅語や改正教育基本法の内容を発布したとして、どれくらいの若者がありがたがるでしょうか。

確かに皇室の人気はいまだに健在とは思います。テレビによく出てくるアイドル的な面もありますし、「いざという時には頼りになる悪いことをしなさそうな人たち」という意味での敬愛は間違いなくあるでしょう。しかし、陛下に学級委員長のような真似をさせてどうなのか。それで皇室への反感が強まったら誰が責任をとるのか。そこは心配です。

バブル期、確かに日本人はおかしくなりました。アメリカ人に「ジャパンアズナンバーワン」とおだてられて、「東京二十三区の土地でアメリカ合衆国が買えるぞ！」などと訳の分からないうぬぼれ方をしていましたし、少なからずの人たちが株と土地を電話一本で転がせば働かなくても大もうけできると考えていました。「青年実業家」と呼ばれるバブル紳士も多く出現しました。

それがバブル崩壊でデフレに突入すると、「就職超氷河期」に突入します。働きたくても働けない若者が続出します。

大学時代に一番とりくんだ活動は就職活動、正社員になれたら特権階級、など誰がこんなバカな世の中を作ったのか。これでは社会のために働きたくても働けないではないでしょうか。

よく保守系の集会で決まり文句のようにあげられるシュプレヒコールが、「憲法改正」「核武装」「教育勅語復活」です。それだけ言ってたら講演ネタには困らないビジネス保守が後を絶たないのですが、いい気なもんだと思います。

日本の善さに目覚め、周辺諸国になんか言われるたびに謝っているのは良くないと目覚めた若者たちが、あんたらの四十年前と一字一句変わらない同じ話を聞きに来たがるのか。そもそも、そんな集会に来ることができない若者のために、一回でも体を張ったことがあるのか。

日本を愛する保守を標榜する団体のほとんどすべてがこれでは、誰もついていかないでしょう。

安倍首相は第二次内閣では、「とにかく経済だ。若者が飯を食えない、仕事も希望もつかめないようでは、戦後レジームの脱却など夢のまた夢だ」と気づいたようですが、どうなるでしょうか。

こうして「社会のためになる仕事に励んではいけません。自分さえ良ければ良いのです」という世の中になりました。

十一章
こうして「ルールを守る正直者が馬鹿を見る」世の中になった

十一、法律や規則を守り社会の秩序に従いましょう。

←

十一、法律や規則を守り社会の秩序に従ってはいけません。

自由気ままが一番です。

◆「人権」の濫用が日本を壊した

日本国憲法には「人権カタログ」が並んでいます。

日本国憲法第三章は「国民の権利義務」ですが、この「国民の権利」を憲法学者が勝手に「人権」と読み替えたので、訳が分からなくなっています。

もちろん、「理由もなく殺されない権利を持っている」とか、「心の中では何を考えていても良い」とか、「誰もが財産を持つ権利がある。人間は家畜とは違う」などは、人権とかぶる国民の権利です。

しかし、憲法学者の中には「煙草を吸う権利がある。これは人権だ」と大真面目に主張する人もいます。なんのこっちゃ、としか言いようがありませんが。

真面目に裁判で争われた事件としては、「高校生がパーマをかけるのを禁止する校則は憲法違反だ」「中学生には丸刈りにされない権利がある」「日曜日に教会に行って授業参観を欠席にするのは人権侵害だ」などなど、日本国憲法の判例を読んでいくと、ばかばかしい限りの事件が並んでいます。

そんなの、「学校は規律を学ぶ場なんだから、我慢しろ」で終了です。こういう常識を共有できないで、何でも法律に頼ろうとするからおかしな話になるのです。

これらは明らかに、「理由もなく殺されない権利を持っている」「心の中では何を考えていても良い」「誰もが財産を持つ権利がある。人間は家畜とは違う」という権利とは違います。

また、国民の権利ということは、外国人には認められない部分もあるのです。もちろん、生命や財産や自由に関しては「相互主義」の原則に従って、お互いに認め合っています。「パスポートは海外旅行に行くとき、命の次に大事」と言われるのは、あれは国と国の契約書だからです。日本をはじめ大抵の国のパスポートには、外務大臣の名前で「この者が安全に旅行できるよう要請する」と書いてあります。パスポートを持っている外国人を入国させるということは、その旅行者の生命や財産を守るという契約なのです。外国人の側も、その国の法律を守るという義務があります。

では、参政権はどうでしょうか。参政権とは政治に参加する権利です。選挙権だけでなく、政治家に立候補する権利である被選挙権、公務員の管理職になる公務就任権なども参政権です。そもそも、政治に参加する権利などは人権でも何でもなく、特権です。人権が人間全員に認められる権利であるならば、その反対語は特権です。一部の人にしか認められない権利は特権です。参政権は、日本国民の大人全員に認められる権利ではあっても、人権ではありません。参政権を持つ人が日本国民の過半数であっても特権です。外国人にも認められる人権とは違います。

ところが「外国人参政権を認めないのは差別だ。人権侵害だ」と主張する人がいます。人権とか権利と言えば、なんでも通ると思っているのでしょう。

◆その構造が既に間違っている日本国憲法

日本国憲法にも義務は書いています。

《日本国憲法　第十二条》

この憲法が国民に保障する自由及び権利は、国民の不断の努力によつて、これを保持しなければならない。又、国民は、これを濫用してはならないのであつて、常に公共の福祉のためにこれを利用する責任を負ふ。

別に悪いことを書いているわけではありません。で？　それがどうかしたの？　で終わることを、わざわざ一国の最高法規に書くセンスの無さに愕然とするだけです。

憲法はその国の最高の法です。

単なる道徳（法律用語で、行為規範と言います）を書いても意味がありません。行為規範の反対を裁判規範と言いますが、では憲法十二条に違反したらどうなるのでしょうか。裁判で裁かれるのでしょうか。

「不断」「努力」「濫用」など、日本語の意味はわかるけれども、では具体的に何をすれば守ったことになるのか、あるいは破ったことになるのか、さっぱりわかりません。しかも、この条文の主体は国民です。

憲法は、政府に対する命令です。しかも日本国憲法は国民主権の民主主義を謳っていますから、「憲法とは、国民の政府に対する命令であり契約書」です。

国民が「不断の努力」を怠り、権利を「濫用」したと、誰がどのように判断するのでしょうか。

ついでに、日本国憲法十二条を批判しておくと、「公共の福祉」には「みんなのため」くらいの意味しかありません。で、誰がどう「みんなのため」を判断するかというと、最高裁が判断することになっています。少なくとも、憲法学の教科書にはそう書いていました。

過去形なのは、昭和三十年代、「政府に権利を侵害された」という裁判が起きるたびに、「公共の福祉だ。我慢しろ。お前の訴えは認めない」と却下し続けたので、「これではみんなのためとは政府のためじゃないか」という批判が起きて、そんなに露骨には書かなくなったからです。

そもそも、民主主義を自慢しながら、選挙で選ばれたわけでもない最高裁の判事が何が「みんなのため」なのかを判断するようにしておいて、実際は時の政府の言いなりになって個人の権利は顧みもしない。

日本国憲法においては、法律や規則、その運用そのものが秩序を混乱させ、弱いものに泣き寝入りをさせるようになっているのです。これでは自由気ままにやりたい放題やるのが世渡り上手と言うことになるでしょう。

こうして、「法律や規則を守り社会の秩序に従ってはいけません。自由気ままが一番です」という世の中になってしまいました。

十二章
こうして「軍国主義」は悪者にされた

逆にしたらよくわかる教育勅語

十二、正しい勇気をもって国のため真心を尽くしましょう。

←

十二、勇気をもって国のため真心を尽くしてはいけません。国家は打倒するものです。

◆軍国主義に対する不当なレッテル貼り

「教育勅語を復活しよう」と言うと、「軍国主義の復活だ」と金切り声をあげる人が少なからずいます。そういう人に限って「軍国主義」が何なのか、よくわかっていないのですが。「軍国主義者＝悪い奴」と短絡的に思い込んでいる人のほぼ百％が「軍国主義＝ファシズム＝悪い奴」と勘違いしています。そういう人のために良書をご紹介しておきます。

倉山満という人が書いた『「軍国主義」が日本を救う』（徳間書店、一二九六円＋税）です。

軍国主義とファシズムは本来宿敵どうしであり、なぜそれが混同されたのかというところから説き起こし、よく言われる「安倍内閣は軍国主義復活を目論む極右政権だ」という大嘘を、何がどう間違っているのか一つひとつ説明した本です。

本来の軍国主義は国家主義ともども穏健思想であり、ファシズムとはまったく相容れない存在です。その証拠を一つ挙げると、典型的なファシズムとされるヒトラーのナチスに対し、最後まで抵抗したのはドイツ国防軍です。

古今東西、男の子は「いくさごっこ」をしたものですし、どこの国でも祖国のために死んだ人のことは英雄として顕彰し、歌や映画、歴史教育などで語り継ぐものです。

ところが、敗戦後の日本ではそれが許されませんでした。ＧＨＱは、「桃太郎は侵略戦争を美化しているから禁止」「忠臣蔵は仇討ちを推奨しているから禁止」「剣術や柔術は人と戦うための技術だから禁止」などと、日本人から戦う魂を抜こうと、ありとあらゆる方策を講じました。要するに、日本人の男を去勢しようとしたのです。

おかげで、軍歌を歌うだけで軍国主義者と言われるようになりました。まさに、「勇気をもって国のため真心を尽くしてはいけません。国家は打倒するものです」という世の中になってしまいました。

◆帝国軍人とウルトラ兄弟

しかし、日本人の男たちは本当に去勢されてしまったのでしょうか。
昭和五十年三月十三日の『毎日新聞』夕刊に以下の記事が載っています。

みんなが、子どもに夢を、といった。だが外野の一人は「あれはやってる大人たちの積木遊び」といった。ほんとうは大人たちが集まって、みんなでおもしろがっていたのだ。そして積木がこわれたのだ。

十年続いた「ウルトラマン」シリーズが放映終了になった記事の結びの一文です。

同じ記事の中には、

ウルトラで育った子どもたちは、おとなになってお酒を飲めば、ウルトラマンの歌を歌うようになるかもしれません。みんなウルトラマンから教わった、理想主義を忘れないでしょう。ただ、ウルトラマンは、いつも立派で正しいので、見ている方が、少々くたびれてしまったのかもしれません。

という、予言めいた意見も載せられています。

いずれの見方が正しかったでしょうか。

ウルトラマンは、地球を襲う大怪獣や侵略者から、宇宙から来た超人が地球人と協力して地球を守るというおとぎ話です。

なぜウルトラマンは自分の星でもない地球のために命を懸けて戦ってくれるのか。

大東亜戦争において、そして終戦後も、多くの日本人が白人に侵略され自分たちの土地も誇りも時には命さえも奪われたアジアの人々のために戦い続けました。自分たちだって、祖国日本に帰りたいのに、命を懸けて。そして、大日本帝国も帝国陸海軍も滅んでしまいましたが、アジアの国々は今では独立国として生きています。

アジアのために戦って死んだ、帝国陸海軍の名もなき兵士たちこそ、自分の星でもない地球のために戦ってくれたウルトラ兄弟たちなのだと言えば、言いすぎでしょうか。

◆日本のロボットアニメがフィリピンの国民的番組になった理由

日本文化のソフトパワーは世界を席巻しています。

安倍昭恵さんが、首相夫人としてフィリピンを訪ねた時、まったく知らない日本語の歌で歓待されました。「父を求めて」という歌です。おそらく日本人のほとんどが知らないでしょう。ロボットアニメ「ボルテスⅤ《ファイブ》」のエンディングテーマです。

フィリピンでは今でも「ボルテスⅤ」が大人気で、他のいかなる作品もかなわないそうです。「ボルテスⅤ」は、父と生き別れになった主人公兄弟たちが、宇宙から侵略してくる強大な敵と戦いつつ、最後は敵星の民衆たちと共に独裁者を倒す、というお話です。孤児が多かったフィリピンでは大人気で、独裁者を倒すというストーリーに怯えた当時のマルコス大統領は放映禁止にしたという、いわくつきの作品になりました。

結果は、マルコス独裁政権は軍部の造反と民衆の蜂起により倒されたのですが、その時に口ずさんでいた歌がボルテスVの主題歌なのです。今では主題歌はフィリピン軍歌になっているのですが、日本語でフィリピン軍人が歌っています。

◆ＳＦアニメ主人公の変遷に見る日本人男性の姿

日本の三大人気ＳＦアニメは、「宇宙戦艦ヤマト」「機動戦士ガンダム」「新世紀エヴァンゲリオン」です。この三作品を比べてみると、いかに日本の男がだらしなくなったのか一目瞭然です。

　地球を放射能で汚染させて滅ぼそうとしたガミラス星人との戦争を描いた「宇宙戦艦ヤマト」は放映当時、「戦艦大和をモチーフにしたアニメなど右翼思想そのもの」と言われる一方で、「軍艦に女を乗せるな」とか「主人公一人だけ女とイチャツクなんてありえない」とか散々に言われていました。主人公の古代進は、毎回のように愛だの話し合いだの何だのと綺麗ごとばかり繰り返していました。確かに「宇宙で一番大事なものは愛だ。我々は殺し合う前に話し合うべきだったんだ」などと号泣するキャラなのですが、その前に星を一つ破壊するような大殺戮を行っているのです。

　人類が宇宙に飛び出していった未来世界で、地球に残った人々と宇宙に移住した人々の戦争を描いた「機動戦士ガンダム」は、勧善懲悪の物語ではなく、戦争にはどちらにも大義があり、悲劇であるとのリアリズムを描いた作品です。

それだけに、主人公のアムロ・レイ少年は、臆病者で軟弱で自分勝手な、人間の弱さ丸出しのキャラとして描かれました。今の引きこもりのオタクそのものです。それでも、いざ戦場に出れば敵をバッタバッタとなぎ倒していました。二〇一五年の近未来を舞台に描いた「新世紀エヴァンゲリオン」では主人公のダメ人間ぶりは頂点に達し、好きな女の子が次々と死んでも、まだ勇気が出せずに戦えない、というまさに「ヘタレ」です。「逃げちゃだめだ」「僕は最低だ」といったセリフに象徴される物語です。

◆教育勅語が本当に伝えたかったもの

ではお前はどうなのか、と言われそうです。

こんな本を書いている私自身は、臆病な人間です。高所恐怖症なので、普段は高いところで窓の外を見降ろせない臆病者です。

しかし、いざと言う時に卑怯なふるまいをしてはならない、ということくらいは知っています。

平成二十三年の東日本大震災で、原発事故の真相がまったくわからず、デマだけが飛び交っていました。私のところにも多くのお偉いさんたちが逃げ出したという話も入ってきていましたし、「お前も逃げろ」という声も届いていました。

しかし、私は「天皇陛下が東京におわすのに、臣民である私が先に逃げ出すわけにはいかない」とだけ答えました。今思えば、よくもまあこんなセリフがすらすらと出たものだと思います。

翌日、陛下はビデオメッセージこと〝玉音放送〟をなされました。私には、「自分は国民を見捨てて逃げ出しはしない」と語りかけているように思われました。

いざとなれば自分は命よりも重い責任を負っているのだ。今上陛下はそう呼びかけられたのです。

教育勅語は、明治帝が自ら範を示し、「私はこうする。臣民の模範として」とお示しになられました。

天皇は日本のために範を示し、国民の安寧を祈り続ける。国民は天皇を中心とした日本のために、普段はどんなにヘタレていても、いざとなれば勇気をもって戦う。

この気持ちがある限り、いかなる困難があろうと、日本が滅びることはないと信じています。

おわりに

私のような品行方正だけがとりえの人間が、こんな偉そうな本を書いてよいものか。疑問に思いながらも、「人間、その気になれば反面教師にはなれる」と思いながら書いたのが本書です。

安倍晋三首相が「戦後レジームからの脱却」を絶叫するたびに、保守派を自認するおじさんおばさんが熱狂します。一般の人の多くは、冷めた目で眺めているというのに。

曰く、マッカーサーが日本の伝統を破壊した。曰く、日教組が日本の教育をダメにした。曰く、とにかく史上最悪の民主党政権。耳にタコができるほど聞き飽きました。確かにその通りです。しかし、少なくとも私は、「だったら、消費税増税の一つくらい、止めてから言ってもらいたい」と思っていますが。

日本で一番、「戦後レジーム」からの脱却が必要なのは「教育」でしょう。本書では再三、マッカーサーが日本の教育を破壊した話はしました。日教組と大手メディア、そして左派系の出版社によって日本の教育はズタズタにされて、四世代経っています。

彼らは「教育勅語」を追放しました。日教組や朝日新聞の勢力は劇的に衰えています。『世界』と言えば岩波書店の一世を風靡した雑誌ですが、今どきの若者の誰がそんなマイナー雑誌のことを知っているでしょうか。共産主義者、あえて蔑称で言いますが、アカの連中にとって生きにくい世の中になったのは間違いないでしょう。

しかし、彼らの壊した世界は健在です。教育勅語など誰もが忘れ、今や「逆・教育勅語」の世界が実現してしまいました。バカにとって生きやすい時代です。より正確に言えば、アカっぽいバカでしょうか。果たして、今後の日本はどうなるのでしょうか。

私は、保守派の復古趣味のおじさんおばさんが主張するように、教育勅語をそのまま復活すれば素晴らしい日本が再び出現するなどという甘い幻想は持ち合わせていません。ただ単に「教育勅語の内容は本当に素晴らしい」と主張したところで、現代の日本人には届かないでしょう。まして若者や子供たちに興味を持ってもらえるわけがありません。

ネットを中心に保守系メディアに人気のある元航空幕僚長の田母神俊雄さんが都知事選挙で六十一万票の「善戦」をしたことで、「若者に保守的傾向が強まっている」という勘違いが広がっています。しかし、二十代の若者など、そもそもが政治や社会のことに関心はありませんし、たまに興味を持っても投票するのは山本太郎か共産党の吉良佳子です。若者は右傾化などしていません。そんなところに教育勅語を復活しようと押し付けても、かえって明治大帝の徳に傷をつけるだけではないかと危惧します。

ならばどうすべきか。

私は絶望的な現実を突きつけ、直視するしかないと思います。よく私はおちゃらけがすぎると批判されます。本書の「逆・教育勅語」など、戦前ならば間違いなく不敬罪で牢獄行きでしょう。現代日本では逮捕こそされませんが、強烈なバッシングにさらされます。

戦時中の日本は、「こんなバカな戦争はやめろ。やるんだったら真面目にやれ」と言ったら社会人生命を奪われました。現代の日本でも同じです。「逆・教育勅語」そのもののような戦後レジームに異を唱えたら、「右翼」「過激派」「キワモノ」扱いされる。十年一日のような保守陣営のやりかたに「そのやり方で戦後レジームを脱却できるのですか」と異を唱えようものなら、やはり猛烈なバッシングを受ける。結局、みんな自分の頭でモノを考えたくないのです。嫌な現実を見たくないのです。だから日本は負けなくて良い戦争に負け、いまだに敗戦国のままなのです。

それにしても昨今の道徳の低下は著しく、家族の繋がりが希薄化し、子供たちのモラルの低下が叫ばれています。では、この違和感の正体は何なのか。

それは教育勅語のような建前が滅びてしまっていることです。「お国を、大切にしましょう」とは、どこの国でも当たり前の建前として成立しています。歴史教育では、自分の国の偉大さをあることないこと含めて強調します。こうして「誇りある国民」を作り上げます。戦前の日本でもそんなものは当たり前でした。そうして育った世代が、現在おじいさんおばあさんになってきています。

ただ、私は絶望していません。本書を手に取り、「ホント、今の日本は逆・教育勅語そのものの日本だよな」と軽い気持ちで笑い飛ばし、その上で「じゃあ自分はどうするか」と考え、行動できる日本人がいなくならない限り、日本という国は滅びないと思います。

本書では、教育勅語と「逆・教育勅語」を並べ、日本人の良いところも悪いところも描きました。確かに明治・大正生まれの人たちは当たり前のように「教育勅語」をそらんじていました。戦前はおおむね家社会ですが、明治維新から敗戦まですべての人がそうだったわけではありません。当たり前ですが、昔の日本にも、良い人もいれば悪い人もいました。

昔の日本人が当たり前のように思っていた教育勅語という建前を、あえて「逆・教育勅語」という形でぶつけてみるといろんなものが見えてくると思います。

少なくとも、今でも当たり前としか思えない内容しか書いていない教育勅語に危険思想の不当な烙印を押し、不当に封印し続けてきた日本の教育界やメディアが何者かはわかるでしょう。彼らは日本がだめな国でいてほしいのです。結局、日本は教育から立て直すしかないのです。

私の信念です。

道徳は建前に過ぎないかもしれません。しかし、建前を捨てた国がまともな国なのか。

私がたわむれに作った「逆・教育勅語」で考えてみてください。

本書は、西山世司彦さんをはじめ、ハート出版さんの社長以下みなさんの熱意により誕生した。西山さんにはかなりご迷惑をおかけしたが、本書を世に出せた。ここに謝意を表し、筆をおきたい。

◆著者◆
倉山 満（くらやま みつる）
1973年、香川県生まれ。憲政史研究家。
1996年、中央大学文学部史学科国史学専攻卒業後、同大学院博士前期課程を修了。在学中より国士舘大学日本政教研究所非常勤研究員を務め、2015年まで日本国憲法を教える。
著書に『学校では教えられない歴史講義　満洲事変』『大間違いの織田信長』（いずれもＫＫベストセラーズ）『検証　検察庁の近現代史』（光文社）『嘘だらけの日米近現代史』などをはじめとする「嘘だらけシリーズ」（扶桑社）『国際法で読み解く戦後史の真実』（ＰＨＰ研究所）『世界の歴史はウソばかり』（ビジネス社）『倉山満の憲法九条』『理数アタマで読み解く日本史』平井基之共著（いずれも小社）ほか著書多数。現在、ブログ「倉山満の砦」やコンテンツ配信サービス「倉山塾」（https://kurayama.cd-pf.net/）や「チャンネルくらら」（https://www.youtube.com/channel/UCDrXxofz1CIOo9vqwHqfIyg）などで積極的に言論活動を行っている。

装丁：フロッグキングスタジオ
写真撮影：黒佐 勇
写真協力：川本 悟史

逆にしたらよくわかる教育勅語 ほんとうは危険思想なんかじゃなかった

平成 26 年 11 月 3 日　第 1 刷発行
平成 30 年 10 月 29 日　第 2 刷発行

著　者　倉山　満
発行者　日高 裕明
発　行　株式会社ハート出版

〒171-0014 東京都豊島区池袋 3-9-23
TEL.03(3590)6077　FAX.03(3590)6078
ハート出版ホームページ　http://www.810.co.jp

ISBN978-4-89295-985-1　C0021

印刷・製本　中央精版印刷株式会社

静かなる日本侵略

中国・韓国・北朝鮮の日本支配はここまで進んでいる

佐々木 類 著

ISBN978-4-8024-0066-4　本体 1600 円

軍艦島　韓国に傷つけられた世界遺産

「慰安婦」に続く「徴用工」という新たな「捏造の歴史」

松木 國俊 著

ISBN978-4-8024-0065-7　本体 1500 円

［復刻版］一等兵戦死

支那事変の最前線にのぞむ一人の兵士が赤裸々に綴った真実の記録

松村 益二 著

ISBN978-4-8024-0064-0　本体 1500 円

日本大逆転

元東京・ソウル支局長 ヘンリー・ストークスが語る日朝関係史

ヘンリー・S・ストークス　著　藤田 裕行　訳・構成

ISBN978-4-8024-0056-5　本体 1500 円

朝鮮戦争で生まれた米軍慰安婦の真実

［文化人類学者の証言］私の村はこうして「売春村」になった

崔 吉城 著

ISBN978-4-8024-0060-2　本体 1500 円

黒幕はスターリンだった

大東亜戦争にみるコミンテルンの大謀略

落合 道夫 著

ISBN978-4-8024-0053-4　本体 1600 円